D1693065

Shiitake Kochbuch

Über 100 Gerichte und Zubereitungstips mit Shiitake –
leicht verständliche Anweisungen – alle Zutaten im Lebensmittelhandel.

Die Rezepte wurden ausgewählt und probiert von Nora Richter.

RICHTER
INTERNATIONALE KOCHKUNST
EDITION

Mengenangaben jeweils für 4 Personen, wenn nicht anders angegeben.

Abkürzungen:

1 EL	= 1 gestrichener Eßlöffel	ca.	15 g
1 TL	= 1 gestrichener Teelöffel	ca.	5 g
1 MS	= 1 Messerspitze	ca.	2 g
1 cl	= 1 Zentiliter	ca.	10 g
1 dl	= 1 Deziliter	ca.	100 g
1 Tasse	= ca. 1/8 l	ca.	120 g
1 l	= 1 Liter	ca.	1000 g

© 1995 Richter-Internationale Kochkunst-Edition
  Volker Hennig, Goseberg 22-24, 37603 Holzminden.

Nachdruck, auch auszugsweise, sowie jegliche Art der Reproduktion oder anderer Wiedergabe nur mit schriftlicher Genehmigung des Verlages.

Fotos: Ulrich Kerth, München; Pohl Kauka Verlag, München; Verlagsarchiv.

Graphische Gestaltung: Andreas Richter.

Lektorat: Ellinor Richter.

Druck und Binden: Hofmann GmbH & Co. KG, Traunreut.

ISBN 3-89636-710-2

Inhalt

Delikatesse seit 2000 Jahren 4

Shiitake-Anbau in Europa 5
Nährgrundlage 5 Natürliche Bedingungen 6
Erntedauer und Ertrag 6 Shiitake auch für
Hobbyanbauer 6

Warenkunde 7
Ganzjähriges Wachstum 7 Biologischer
Anbau 7 Beschreibung 7 Sorten auf dem
japanischen Markt 7 Shiitake aus heimischem
Anbau 8 Wert 8

Tips für den Einkauf 9
Qualität durch Frische 9 Saison/Angebot 9
Portionsmenge 9 Zutaten für Gerichte mit
Shiitake 9

Tips für die Küche 10
Putzen 10 Garzeit 10 Aufbewahren 10
Aufwärmen 10 Einfrieren von Pilz-
gerichten 10 Einfrieren von Frischpilzen 10
Auftauen 11 Rohe Shiitake 11 Getrocknete
Shiitake 11 Shiitake-Pilzpulver 11

So werden frische Shiitake zubereitet 12
Ausbacken – Braten – Dünsten – Folie –
Fritieren – Grillen – Kochen – Schmoren –
Überbacken

Kleine Gerichte 14
Pilzschnitzel 14 Shiitakepfanne 14 Shiitake
mit Krabben 15 Shiitake mit Käse
überbacken 15 Gegrillte Shiitake in Folie 16
Shiitake-Eierpfanne 16 Shiitake mit
Sahne 16 Geschmorte Shiitake 19
Shiitakeflan 19 Gefüllte Shiitake 20
Gebratene panierte Shiitake 21 Wan Tan 22
Sushi 23 Shiitakesoufflé 23

Suppen 24
Shiitake in Bouillon 24 Reissuppe mit
Shiitake 24 Lauchcremesuppe mit gerösteten
Shiitake 25 Suppe von gekochten Kartoffeln
mit Pilzwürfeln 25 Kartoffelsuppe mit
Pilzen 26 Scharfsaure Suppe 26 Scharfsaure
Suppe auf andere Art 29 Shiitake in Bouillon
à la Lady Curzon 29

Salate 30
Pilz-Eiersalat 30 Tomatensalat mit Shiitake 31
Bunter Salat mit Shiitake 31 Shiitake-
Keimesalat 32 Shiitakesalat auf Chicoree 32

Gemüse 33
Geröstete Pilze auf geraspeltem Gemüse 33
Shiitake-Kohlrabigemüse 34 Shiitake mit
Zucchini 34 Shiitake mit Mangold 35

Pilz-Lauchgemüse 35 Shiitake mit Chicoree 36
Shiitake mit Zuckerschoten 36 Shiitakeauflauf
mit Kartoffeln 37 Kartoffel-Pilzküchlein 37
Gemüsepfanne 38 Möhren-Pilzeintopf 38
Zehngemüsetopf 39

Saucen 40
Shiitake in heller Sauce 40 Feine Pilzsauce
chinesische Art 41 Pilze in dicker Sauce 41
Shiitake in Knoblauch-Zwiebelsauce 42
Shiitake gebraten mit Persillade 42

Pfannengerichte 43
Nudelpfanne mit Shiitake 43
Pfannkuchenauflauf mit Shiitake 44
Shiitake-Pfannkuchen 47 Kartoffel-
Pilzpuffer 47 Cannelones mit
Shiitakefüllung 48 Shiitake im
Goldmantel 49 Shiitake-Frühstücks-
pfanne 49 Pfannengerührte Shrimps 50

Omeletts und Crêpes mit Shiitake-Füllungen ... 51
Grundrezept für 1 Omelett 51 Grundrezept
für 12 Crêpes 52 Verschiedene
Shiitakefüllungen – Grundrezept 52
Krabben 53 Tomaten 53 Tomaten auf
Zucchini 53 Prinzeßbohnen 53
Chinakohl 53 Spinat 53 Tofu und
Bohnenkeime 53 Schwarzwurzel 53
Bohnenkeime 53 Austernpilze/
Champignons 53 Lauch 53

Reis und Teigwaren 54
Risotto mit Shiitake 54 Pilz-Reisklößchen 57
Reis mit Pilzen 58 Käsespätzle mit Shiitake 58
Shiitake-Nudelauflauf 59 Shiitake-Lauchsauce
mit Bandnudeln 59 Nudeln mit Gemüse,
Fleisch und Krabben 60

Fleisch, Geflügel und Fisch 61
Kalbsleber mit Shiitake 61 Kalbs-
geschnetzeltes mit Shiitake 62 Medaillons
nach bretonischer Art mit Shiitake 62
Geschnetzeltes vom Schwein mit Shiitake 63
Putengeschnetzeltes mit Shiitake und
Bananen 63 Hotpot 64 Soufflé de
volaille 64 Überbackenes Fischfilet mit
Shiitake 65

Getrocknete Shiitake 66
Vorbereiten und Zubereiten 66 Shiitake mit
Bambussprossen 67 Klößchen in Bouillon
oder Gemüsesuppe 68 Kartoffel-
Pilzknödel 68 Shiitake gefüllt auf chinesische
Art 69 Einlage in Kartoffel-Kressesuppe 70
Karpfen mit würziger Pilzsauce 71 Fischfilet
mit Tofu und Shiitake 72

Delikatesse seit 2000 Jahren

In asiatischen Ländern, vor allem in Japan und China wird unter den eßbaren Pilzen der Shiitake (jap.: Shii = Pasaniabaum, take = Pilz) am höchsten geschätzt. Er gilt seit der Mingzeit (1368–1648) als Lebenselexir, nachdem es Ärzten aufgefallen war, daß regelmäßiger Shiitakegenuß die Widerstandskraft gegen Krankheiten erhöht und Kreislauferkrankungen günstig beeinflußt.

Die Geschichte seines Anbaues beginnt allerdings schon viel früher: Es geht aus japanischen Urkunden aus dem Jahre 199 hervor, daß der Pilz schon mehrere 100 Jahre vor dieser Zeit in China als Hoang-ko-Pilz erstmals in – allerdings primitive – Kultur genommen wurde. Chinesische Bauern hatten die Anbaumethode nach Japan gebracht, wo sie in den folgenden Jahrhunderten ständig verfeinert wurde.

Trotzdem war diese ursprüngliche Anbauart bis hinein in die Neuzeit vollkommen von Wetter, Zufall und Glück abhängig. Die Bauern legten eingekerbte Hölzer (Eiche, Pasania, Rotbuche u. a. m.) aus und warteten geduldig, zuerst, bis das Holz mit den vom Wind verbreiteten Pilzsporen besiedelt wurde und schließlich, bis Pilze wuchsen.

Vom Anbau im heutigen Sinn kann erst seit Beginn unseres Jahrhunderts gesprochen werden, nachdem es gelang, Pilzgeflecht (Myzel) in großem Stil anzuzüchten und zum Bespicken der Hölzer nutzbar zu machen.

Heute bauen allein in Japan über 200 000 Betriebe und Kleinbauern Shiitake nach moderner Methode an und sorgen für eine Ernte von jährlich ca. 200 000 Tonnen, die frisch oder getrocknet zu recht stattlichen Preisen auf den Markt gelangt. In Japan wird der Shiitake so häufig und regelmäßig verwendet, daß er zu den Lebensmitteln gehört, von denen in jedem Haus stets ein gewisser Vorrat gehalten wird.

Aus Japan exportiert werden fast ausschließlich getrocknete Shiitake. Der Export, insbesondere nach Hongkong, Taiwan, den USA und den westeuropäischen Ländern wächst ständig.

So ist es nicht verwunderlich, daß – nach langer Anlaufzeit – der Shiitake jetzt auch in der Bundesrepublik angebaut wird, damit unsere heimischen Gourmets auf den Genuß frischer und gesunder Shiitake nicht länger zu verzichten brauchen!

Shiitake-Anbau in Europa

Nährgrundlage
Das durch und durch biologische Anbauverfahren erfolgt auf Hölzern mit einem Durchmesser von ca. 8–25 cm und einer Länge von etwa 1 Meter. Als Nährgrundlage dient gesundes Laubholz von Rotbuche, Eiche, Edelkastanie, Birke und Erle.

Die Hölzer können sofort nach dem Fällen geimpft werden, lediglich bei Eiche muß mindestens 6 Wochen gewartet werden.

Sie sollten allerdings keinesfalls länger als 6–8 Monate geschlagen sein, es bedarf auch keiner weiteren Erklärung, daß nur gesundes, unbehandeltes Holz verwendet wird.

Shiitake-Anbau in Europa

Natürliche Bedingungen
Die sogenannte Pilzbrut (Saat) wird in das Holz „eingeimpft", wobei verschiedene Techniken angewandt werden können. In aller Regel wird das 1-m-Holz nach jeweils einem Drittel eingesägt, der entstandene Einschnitt mit Pilzbrut gefüllt und die Schnittstelle mit Folie abgedeckt, damit die Brut geschützt ist und nicht herausfällt. Nach dem Impfen erfolgt die sogenannte Durchwachszeit; diese dauert je nach Holzart und klimatischen Bedingungen ca. 5–15 Monate. Während dieser Zeit durchwächst das Pilzgeflecht (Myzel), ausgehend von den Impfstellen, das Holz.

Die Kultur erfolgt bei Erwerbsanbauern in klimatisierten Räumen (Gewächshäusern) wobei die natürlichen Bedingungen optimiert nachvollzogen, jedoch keine chemischen oder andere künstlichen Eingriffe vorgenommen werden.

Erntedauer und Ertrag
Die ersten Pilze erscheinen meist in unmittelbarer Nähe der Impfstelle. Sie benötigen bis zur vollen Ausbildung ca. 8–14 Tage, wobei die Idealtemperatur je nach Sorte zwischen 15 und 22 °C bei etwa 80% Luftfeuchtigkeit liegt. Je nach Holzart wachsen über einen Zeitraum von 3–6 Jahren immer wieder Pilze heran, wobei pro Jahr mit einem Durchschnittsertrag von ca. 500 g je Holzstamm gerechnet werden kann.

Der Ertrag während der gesamten Kulturdauer beträgt etwa 20% des ursprünglichen Holzgewichtes. Nachdem das Holz vollkommen aufgebraucht ist, zerfällt es.

In den letzten Jahren haben sich allein in Deutschland mehrere Betriebe auf Shiitakeanbau spezialisiert.

Der Anbau des Shiitake im großen Stil ist kostenintensiv und die Erntemenge bleibt – verglichen mit anderen Kulturpilzen – geringer. Das beeinflußt den Verkaufspreis des Shiitake in Japan wie auch in der Bundesrepublik.

Shiitake auch für Hobbyanbauer
Auch der Hobbygärtner kann viel Freude an einer kleinen Shiitakekultur haben. Es gibt Sachbücher, die u. a. auch auf den Shiitakeanbau eingehen. An dieser Stelle sei nur bemerkt, daß unbedingt auf hochwertige Qualitätsbrut geachtet werden sollte, damit Mißerfolge vermieden werden.

Warenkunde

Ganzjähriges Wachstum
Der Shiitake wächst in Kultur ganzjährig mit vermehrtem Wachstum im Frühjahr und Herbst.

Biologischer Anbau
Er gedeiht nur auf frisch geschlagenem unbehandeltem Holz. Auch nach strengem Maßstab erfolgt sein Anbau rein biologisch.

Beschreibung
Hut: 2 bis 15 cm breit, hellbraun bis dunkelbraun in vielen Farbnuancen, oft mit rötlichen Brauntönen und rötlich-braunen Flecken. In der Mitte ist der Hut meist etwas dunkler. Die Huthaut ist trocken, häufig mit tiefen Rissen und oft mit kleinen, eingewachsenen, weißlichen bis bräunlichen Schüppchen bedeckt. Der Hut ist gewölbt, später niedergedrückt. Der Rand ist anfangs eingerollt, meist heller braun und zeigt Reste eines fast farblosen Schleiers.

Blätter (Lamellen): Anfangs weiß bis blaß, bald hellgelblich-bräunlich, oft mit rotbraunen Flecken.

Stiel: 0,8 bis 2,5 cm dick, 2,5 bis 7 cm hoch, oft seitlich angewachsen. Weißlich-bräunlich, wenn kurz, kräftig fleischig, wenn lang ausgewachsen, dünn und zäh.

Fleisch: weißlich-gelblich, fest.

Sorten auf dem japanischen Markt
Alle Shiitake werden in Japan in zwei Haupttypen unterteilt:

1. Donko: Dickfleischiger, fester Pilz mit kleinem runden und kaum geöffneten Hut. Er wächst in der kalten Jahreszeit (Januar bis März) und braucht, bis er ausgewachsen ist ca. 4 bis 6 Wochen. Donko wird nach japanischer Handelsklassenverordnung noch einmal unterteilt in Jo-Donko – die teuerste Art – und Nami-Donko.

Alle getrocknet exportierten Pilze sind Donko-Pilze, die sich beim Einweichen durch gutes Quellvermögen auszeichnen.

2. Koshin: Dünnfleischiger Pilz mit weit geöffnetem Hut und holzigem Stiel. Auch bei ihm wird zwischen Jo-Koshin und Nami-Koshin unterschieden. Nami-Koshin ist der billigste Shiitake, der überall in Japan in Supermärkten lose oder abgepackt frisch verkauft wird.

Warenkunde

Shiitake aus heimischem Anbau
Bei der Ernte aus heimischem Anbau wird bisher nicht zwischen Winter- und Sommerpilz unterschieden. Aus klimatischen Gründen erfolgt der gewerbliche Anbau bei uns in Hallen, kaum im Freiland.

Es genügt daher, zu wissen, daß kleine dickstielige und dickfleischige Pilze mit Stiel gegessen werden können und daß bei den dünnfleischigen, dünnstieligen Pilzen der Stiel zum Trocknen, für Pilzpulver, verwendet werden kann.

Wert
Der Shiitake gilt wegen seines festen, saftigen aber nicht wässrigen Fleisches und seines intensiven Aromas als einer der besten Speisepilze überhaupt.

Die im Shiitake enthaltenen Vitamine B_{12} und D_2 sind lebenswichtig und in Grünpflanzen sowie Obst und Gemüse kaum vorhanden.

In Langzeitversuchen japanischer Wissenschaftler wurde nachgewiesen, daß nach regelmäßigem Shiitake-Verzehr Grippe-Viren gehemmt werden und daß im menschlichen Organismus ein Antitumor-Effekt erzielt wird.

Außerdem wurde bewiesen, daß durch den Genuß von Shiitake überhöhte Cholesterin-Werte im Blut abgesenkt werden.

Japanische Forscher berichten neuerdings auch, daß Shiitake die Heilung von Leberentzündung (Hepatitis) begünstige.

Tips für den Einkauf

Qualität durch Frische
Frische Shiitake haben festes Fleisch und riechen angenehm.

Der Pilzhut kann eingerissen und braunfleckig sein; er ist bei den in Europa gehandelten Frischpilzen meist breit geöffnet.

Der Pilzstiel kann kurz und festfleischig bis lang und dünn sein.

Saison/Angebot
Frische Shiitake gibt es vor allem im Frühjahr und Herbst in Spezialgeschäften. Bisher ist das Angebot noch gering; es ist jedoch damit zu rechnen, daß der Pilz aufgrund seiner hohen Speisequalität bald verbreitet angeboten wird.

Shiitake werden lose verkauft.

Der Preis pro kg liegt derzeit um DM 30,–, oft teurer, selten billiger.

Portionsmenge
Da der Pilz infolge seines geringen Wassergehalts sehr ergiebig ist und bei der Zubereitung kein Gewicht verliert, kann man für 1 Portion ca. 150 g rechnen.

Schon ein oder zwei Shiitake reichen aus, um Saucen und andere Gerichte zu aromatisieren.

Zutaten für Gerichte mit Shiitake
Speiseöl, Butter, Schmalz, Margarine, Speck, Frühstücksspeck, Schinken. Rot-, Weiß-, Reiswein, Sherry, Fleisch-, Geflügel-, Fisch- und Gemüsebrühe (Flüssigkeit nur sparsam verwenden), Zitronensaft, Sojasauce, süße und saure Sahne. Knoblauch, Frühlingszwiebel, Zwiebel, Lauch, frische und getrocknete Kräuter, z. B. Schnittlauch, Petersilie, Basilikum usw. sowie Salz und Pfeffer. Gut paßt Käse zu Shiitake (Gruyere, Parmesan usw.).

Über das fertige Pilzgericht kann man pro Portion ½ TL feingehackte rohe Pilze geben; in Suppen, Saucen usw. kann man Pilzpulver einrühren.

Ganz allgemein gilt, daß das Shiitake-Aroma nicht durch massive Würzung überdeckt werden soll und daß der Pilz erst nach dem Garen gesalzen wird, da er sonst unnötig saftet.

Tips für die Küche

Putzen

Shiitake werden mit Küchenpapier abgewischt; sie sollten nicht gewaschen werden.

Huthaut und Lamellen (Blättchen an der Hutunterseite) werden mitgegessen. Dünne Stiele werden abgeschnitten, von dicken nur das untere Stielende (Stiele für Pilzpulver trocknen!).

Kleine Pilze ganz lassen, größere halbieren, vierteln, in Streifen oder feinblättrig schneiden. Fleischige Stiele am besten in feine Scheibchen schneiden. Durch Feinhacken kann sich das Aroma der Pilze in Saucen oder Gemüse besonders gut entfalten.

Garzeit

Frische Shiitake garen in 3 bis 20 Minuten, je nach Menge, Größe und Zubereitungsart.

Aufbewahren

Kühl und locker aufbewahrt halten sich Shiitake etwa 5 bis 7 Tage appetitlich frisch (Gemüsefach). Länger aufbewahrte Pilze entweder einige Minuten in Wasser einweichen oder an luftiger, trockener Stelle trocknen und wie Trockenpilze weiterverwenden.

Aufwärmen von Gerichten mit Shiitake

Gerichte mit frischen Shiitake werden wie jedes Gemüsegericht im Kühlschrank aufbewahrt. Sie können ohne Bedenken auch am folgenden Tag aufgewärmt werden.

Einfrieren von Pilzgerichten

Gerichte mit Shiitake werden wie jedes Gemüsegericht tiefgefroren. Haltbarkeit mindestens 3 Monate.

Einfrieren von Frischpilzen

Frische Shiitake werden gereinigt und im ganzen oder klein geschnitten portionsweise verpackt eingefroren. Haltbarkeit mindestens 6 Monate.

Shiitake keinesfalls blanchieren, damit Aroma und Inhaltsstoffe erhalten bleiben.

Auftauen
Shiitake in heißen Speisen miterhitzen oder bei schwacher Hitze in Fett oder Flüssigkeit auftauen.

Aufgetaute Pilze können wie Frischpilze zubereitet werden, sollen jedoch nicht noch einmal tiefgefroren werden.

Rohe Shiitake
schmecken vor allem mit frischen Kräutern oder Sahne. Es empfiehlt sich, die Pilze möglichst feinblättrig zu schneiden.

Allerdings sind rohe Pilze ganz allgemein nicht jedem bekömmlich.

Getrocknete Shiitake
bekommt man im Feinkosthandel. Sie werden aus Japan importiert. In der Regel handelt es sich um die Sorte Donko (s. Seite 5), die sich durch besonders gute Quelleigenschaft und hohes Aroma auszeichnet. Das Lebensmittelgesetz in Japan ist auch für Trockenpilze streng und unterscheidet bei getrockneten Shiitake für den Export mehrere Qualitätsabstufungen, die aus Kulturstämmen (Sorten), Erntezeitpunkt und klimatischen Wachstumsbedingungen resultieren.

Aus der Ernte junger Pilze mit noch eingerolltem Hut gibt es mehrere Qualitätsgruppen, die mit einem Kilopreis von ca. DM 150,– bis DM 300,– (ausgesuchte Spitzenqualität) gehandelt werden.

Die Pilze sind 10-, 25- oder 50-g-weise abgepackt.

Außerdem werden weniger fleischige, bereits ausgewachsene Pilze mit flachen Hüten gehandelt, die bei der Ernte bereits älter waren (Kilopreis 40,– bis 100,– DM).

In Japan trennt man übrigens noch Pilze, die am Stamm getrocknet sind von denen, die nach der Ernte getrocknet wurden.

Rezepte mit getrockneten Shiitake finden Sie auf den Seiten 68 bis 72, Tips zur Vorbereitung (Einweichen usw.) auf Seite 67.

Shiitake-Pilzpulver
löst man am besten vorher einige Minuten in lauwarmem Wasser auf. Man kann es selbst herstellen, wenn man Pilzstiele trocknet und im Mörser zerstampft oder durch eine Mühle dreht.

So werden frische Shiitake zubereitet

Viele Wildpilze hießen früher im Volksmund einfach Röstling, weil sie gebraten (geröstet) am besten schmecken. Diese Bezeichnung würde auch für den Shiitake passen: Er entfaltet sein volles Aroma, wenn er aufgeschnitten (feinblättrig, in Streifen oder Stücken) oder im ganzen in Fett (Butter, geschmacksneutrales Öl, Margarine) gebraten wird. Dies empfiehlt sich auch vor der Zubereitung von Salaten, Suppen usw. Bitte daran denken: Erst nach dem Garen salzen und würzen.

Ausbacken
Pilzhüte panieren (Mehl, Ei, Semmelbrösel) und in reichlich heißem Fett goldbraun und knusprig werden lassen. Anschließend leicht salzen.

Braten
Shiitake im ganzen oder aufgeschnitten unter Rühren im heißen Fett in der Pfanne oder Kasserolle garen. Die Garzeit liegt zwischen 3 und 8 Minuten, je nach Größe der Pilze oder Pilzstücke.

Dünsten
Am besten kleine Pilze ganz gelassen, große zerteilt zuerst auf mittlerer Hitze in 1 EL Öl oder Butter wenden und rundum anbraten. Dann auf kleine Hitze schalten, Deckel auflegen und mit Gemüse 20 Minuten (ohne Gemüse 10 Minuten) dünsten. Wenn sich zuwenig Pilz- oder Gemüsesaft bildet, so viel Fleischbrühe aufgießen, daß der Topfboden bedeckt ist oder etwas Butter zugeben.

Folie
Garen im eigenen Saft oder mit wenig Öl oder Butter in der Alufolie. Es bilden sich keine Röststoffe; Aroma und Saft bleiben erhalten. Die Garzeit beträgt je nach Größe der Pilze ca. 4 bis 10 Minuten.

Fritieren
Unzerteilte Pilzhüte oder Pilzstücke panieren oder im Ausbackteig wenden und in heißem Fett (etwa 200 °C) ausbacken. Die Pilze herausnehmen, sobald der Teig goldgelb ist und zum Abtropfen auf Küchenkrepp legen. Erst nach dem Garen salzen.

Sie können auch ohne Teig und unpaniert fritiert werden. Die Garzeit ist dann kurz, ca. 2 bis 3 Minuten.

Grillen
Man legt die Pilze am besten im ganzen ohne Stiel mit der glatten Hutseite (Stielansatz nach oben) auf eine Folie und grillt sie im eigenen Saft. Es empfiehlt sich, die Folie mit wenig Öl einzustreichen, bzw. die glatte Hutseite mit Öl zu bepinseln. Gewürzt wird erst nach dem Grillen. Garzeit je nach Größe ca. 3 Minuten.

Kochen
Shiitake sollten – was übrigens für alle Speisepilze gilt – nicht gekocht werden. Sie verlieren ihr Aroma und können zäh werden.

Schmoren
Es gilt das unter Dünsten Gesagte.

Überbacken
Shiitake im ganzen oder aufgeschnitten in Fett braten. In die Auflaufform zuerst das gegarte Gericht (Gemüse, Kartoffeln, Nudeln usw.) geben, obenauf die Pilze. Evtl. mit Käse bestreuen oder wenig Sahne darübergeben. Da alle Zutaten bereits gegart sind, wird nur solange überbacken, bis sich eine goldbraune Kruste bildet, je nach Größe der Form und der Stärke der Oberhitze 10 bis 20 Minuten.

Es gibt viele Möglichkeiten, Shiitake schmackhaft und delikat zuzubereiten. Auch hier gilt, daß die einfachste Art meist die beste ist.

Kleine Gerichte

Pilzschnitzel 1 Portion

30 g Butter

4 – 5 mittelgroße Shiitake, Stiele abschneiden

Salz, frisch gemahlener Pfeffer nach Belieben

In einer Pfanne Hälfte der Butter erhitzen. Pilzhüte mit Lamellenseite nach unten in die Pfanne legen, braunbraten, wenden, restliche Butter zugeben und die Pilzhüte fertigbraten.

Mit Salat oder zu Toast.

Shiitakepfanne 1 Portion

30 g Butter

150 g Shiitake in ca. 2 mm dicke Streifen schneiden

Salz, frisch gemahlener Pfeffer nach Belieben

In einer Pfanne Butter erhitzen, Pilze zugeben, sofort umrühren, bis alle Pilze Butter angenommen haben.

Dann auf mittlerer Hitze die Pilze 4 Minuten braunbraten, dabei gelegentlich umrühren. Leicht salzen.

Mit Schwarzbrot und/oder frischem Salat.

Shiitake mit Krabben 1 Portion

30 g Butter	100 g Krabben aus der Dose: Inhalt abbrausen
1 kleine Zwiebel feinhacken	
100 g Shiitake in Streifen schneiden	Salz, frisch gemahlener weißer Pfeffer

In einer Pfanne Butter erhitzen, Zwiebel darin hellbraun braten, Pilze zugeben, unterrühren, 2 Minuten braten, Krabben hinzufügen und weitere 2 Minuten unter Rühren braten. Mit Salz und Pfeffer abschmecken.

Dazu gemischter Salat.

Shiitake mit Käse überbacken 1 Portion

30 g Butter	3 Scheiben Butterkäse
150 g Shiitake in Streifen schneiden	

Auf mittlerer Hitze Butter in der Pfanne heiß werden lassen, Pilze darin umrühren und in 4 Minuten unter gelegentlichem Rühren braunbraten.

Käsescheiben auf die Pilze legen, Deckel aufsetzen, Hitze ausschalten und die Pfanne solange auf der Platte lassen, bis der Käse geschmolzen ist.

Mit Toast oder/und Salat servieren.

Gegrillte Shiitake

8 mittelgroße dickfleischige Shiitake, Stiele abschneiden	Salz, Pfeffer
	1 große Knoblauchzehe auspressen
Zitronensaft	Olivenöl

Pilzhüte mit angefeuchtetem Küchenkrepp abreiben.

Zitronensaft, Salz, Pfeffer und Knoblauch mit reichlich Olivenöl verrühren und die Pilzhüte auf den Lamellenseiten damit bepinseln.

Im vorgeheizten Grill Pilze mit der Lamellenseite nach oben 5 – 8 Minuten grillen.

Auf dem Gartengrill: beidseitig mit Öl bepinselt ca. 3 Minuten jede Seite braten.

Kleine Gerichte

Shiitake in Folie

8 mittelgroße dickfleischige Shiitake, Stiele abschneiden

Zitronensaft

Salz, wenig Pfeffer

Für die Kräuterbutter

65 g Butter mit der Gabel zerdrücken

1 große Knoblauchzehe auspressen oder zerdrücken

Salz

1 Bund Petersilie feinhacken

Pilzhüte mit angefeuchtetem Küchenkrepp abreiben, mit Zitronensaft beträufeln und leicht würzen mit Salz und Pfeffer.

Kräuterbutter zubereiten und in die Hüte streichen.

Pilzhüte einzeln in Folie wickeln, in eine Kasserolle oder Auflaufform legen und im vorgeheizten Backofen bei 200° C 10 Minuten garen.

Dazu Stangenweißbrot.

Shiitake-Eierpfanne

50 g Butter

200 g Shiitake in Streifen schneiden

Salz, frisch gemahlener Pfeffer

4 – 6 Eier mit etwas Salz verschlagen

In der Pfanne Butter erhitzen, Pilze zugeben, 1 Minute pfannenrühren, salzen und pfeffern und weitere 2 Minuten braten. Verschlagene Eier darübergießen und stocken lassen. *Mit Salat servieren.*

Shiitake mit Sahne 1 Portion

20 g Butter

150 g Shiitake in Stücke teilen

Salz, Pfeffer

⅛ l dicke Sahne

Auf kleiner Hitze im Stieltopf Butter schmelzen, Pilze darin rasch wenden, Deckel auflegen und bei gelegentlichem Umrühren 10 Minuten dünsten.

Leicht würzen, unter Rühren Sahne zugießen, vom Feuer nehmen und zugedeckt 5 Minuten ziehen lassen. *Zu Nudeln.*

Abbildung gegenüberliegende Seite:
Fritierte Shiitake zum Rezepttext Seite 13.

Kleine Gerichte

Geschmorte Shiitake

40 g Butter	**Salz, frisch gemahlener Pfeffer nach Belieben**
400 g Shiitake im ganzen ohne Stiele	

Butter in der Pfanne schmelzen, Pilze zugeben, wenden und rühren, Deckel auflegen und 4 Minuten schmoren. Leicht salzen.

Zu Toast oder als Beilage zu Kurzgebratenem. Bei letzterem können die Pilze in der gleichen Pfanne zubereitet werden.

Shiitakeflan

10 g Butter	**½ l Sahne**
20 g Speck in kleine Würfel schneiden	**Salz**
1 Schalotte feinhacken	**2 Eier**
250 g Shiitake in Stücke teilen	**1 EL gehackte Petersilie**

Butter heiß werden lassen, Speckwürfel darin knusprig braun braten, Schalotte kurz mitschwitzen, Pilze zugeben, rasch wenden, Sahne unterrühren und sämig einkochen.

Sahnepilze mit Eiern und Petersilie im Mixer pürieren, in gebutterte Portionsförmchen füllen und im Wasserbad im Ofen bei 170° C ca. 1 Stunde garziehen lassen. Vor dem Stürzen etwas abkühlen lassen.

Dazu *Petersiliensauce* oder *Sauce Vinaigrette*.

Petersiliensauce

Butter zerlassen und 1 – 2 EL feingehackte Petersilie darin kurz dünsten.

Sauce Vinaigrette

2 EL Olivenöl	**1 gehackte Schalotte**
1 EL Nußöl	**1 EL Schnittlauchröllchen**
1 EL Sherry-Essig	**Salz, frisch gemahlener Pfeffer**

Alle Zutaten gut miteinander verrühren.

Kleine Gerichte

Gefüllte Shiitake

20 Shiitake (ca. 4 cm große Hüte)

Salz

Mehl zum Wenden

Öl zum Braten

250 g Zwiebeln in Scheiben schneiden

1 Knoblauchzehe feinhacken

500 g Tomaten häuten, entkernen und grobhacken

Pfeffer

1 EL feingehackte Petersilie

300 g Riesengarnelen aus der Schale pulen und in ca. 2 cm große Stücke schneiden

1 EL Semmelbrösel

Pilzhüte mit wenig Salz bestreuen, in Mehl wenden und in der Pfanne im heißen Öl auf beiden Seiten 2 Minuten braten. Auf Küchenpapier abtropfen lassen.

In einer zweiten Pfanne 2 EL Öl erhitzen, Zwiebelscheiben darin goldgelb dünsten, Knoblauch und Tomaten zugeben, mit Salz, Pfeffer und Petersilie bestreuen und in 25 Minuten unter gelegentlichem Rühren zu einer dicklichen Masse einkochen, dabei sollen die Tomatenstücke nicht verkochen. Krabben zugeben, umrühren und miterhitzen.

Pilzhüte auf ein mit Öl bestrichenes Backblech legen, Tomatenmasse darauf verteilen, mit Semmelbröseln bestreuen und im vorgeheizten Ofen bei 225 Grad 10 Minuten backen.

Je nach Geschmack und Phantasie lassen sich die Pilze auf vielerlei Weise füllen: mit Hackfleisch, Fisch, Gemüse, Frischkäse, Eimischungen usw.

Siehe auch unter *Getrocknete Shiitake S. 66, Shiitake gefüllt auf chinesische Art.*

Gebratene panierte Shiitake 1 Portion

2 große Shiitake: Stiele abschneiden	**50 g Semmelbrösel**
Salz, frisch gemahlener Pfeffer	**1 EL Öl**
1 Ei mit der Gabel verschlagen	**20 g Butter**

Pilzhüte leicht würzen, zuerst in Ei, dann in Semmelbröseln wenden.

Auf mittlerer Hitze Pfanne heiß werden lassen. Pfannenboden mit Öl bestreichen, Hälfte der Butter zugeben und Pilze mit der Lamellenseite nach unten in die Pfanne legen. Mit dem Pfannenheber etwas andrücken, nach 2–3 Minuten wenden, restliche Butter zugeben und die Pilze fertigbraten, dabei etwas andrücken.

Nach Wunsch dazu *Remouladensauce, Mayonnaise oder verschiedene Dips*, sowie *Quark mit Preiselbeeren angerührt und Salat*.

Gut paßt dazu auch *Püree von weißen Rüben*.

Püree von weißen Rüben

500 g weiße Rüben schälen, in große Stücke schneiden	**⅛ l Milch**
	⅛ l Sahne
200 g Kartoffeln (mehlig festkochend) schälen, in große Stücke schneiden	**Salz, Prise Zucker**
	40 g Mehlbutter (20 g Mehl mit 20 g Butter verkneten)
1 kleine Petersilienwurzel schälen, in große Stücke schneiden	

Rüben, Kartoffeln und Petersilienwurzel mit Milch, Sahne, Salz und Zucker zugedeckt 25 Minuten kochen, abgießen, Flüssigkeit auffangen, Gemüse pürieren und warmstellen.

Sahne-Milch auf kleiner Hitze einkochen, dabei nach und nach mit Mehlbutterstückchen binden, rühren und solange kochen, bis die Sauce cremig ist. Dann unter das Püree rühren und alles durch ein Sieb streichen. Noch einmal abschmecken.

Kleine Gerichte

Wan Tan (Chinesische Küche)

Für den Teig	Für die Sauce
2 Tassen Mehl sieben	**½ Tasse weißer Weinessig**
Salz	**1 Tasse Ananassaft**
1 Ei verschlagen	**2 TL Sojasauce**
¾ Tasse Wasser	**2 TL Tomatenmark**
Für die Füllung	**½ Tasse Zucker**
300 g Schweinehack	**2 EL Speisestärke**
1 Tasse feingehackter roher Spinat	**¼ Tasse Wasser**
200 g Shiitake feinhacken	Außerdem
Salz, Pfeffer	**Fett zum Fritieren**

Mehl mit Salz, Ei und Wasser zu einem festen Teig verarbeiten. Sollte der Teig zu weich sein, noch etwas gesiebtes Mehl hinzufügen.

Auf bemehlter Fläche Teig papierdünn ausrollen und mit einem scharfen Messer in 6 – 8 cm große Quadrate schneiden.

Für die Füllung alle Zutaten miteinander vermengen, würzen und mit einem TL in die Mitte der Quadrate verteilen. Teig rund um die Füllung in Falten zusammendrücken, dabei die Enden frei stehen lassen.

Für die Sauce in einer Kasserolle Essig, Ananassaft, Sojasauce, Tomatenmark und Zucker zum Kochen bringen. Speisestärke mit Wasser anrühren, in die Sauce gießen und rühren bis die Sauce kocht und dickt. Hitze reduzieren und 3 Minuten köcheln.

Inzwischen Fett erhitzen, Won Tans darin goldbraun fritieren und auf Küchenkrepp abtropfen lassen.

Mit heißer Sauce als Vorgericht servieren.

Sushi (Japan)

20 g Butter	Für das Omelett
1 Tasse kleingeschnittene Shiitake	**4 Eier**
1 EL gehackte Kräuter	**1 TL Sojasauce**
2 Tassen gekochten Reis abkühlen lassen	etwas Fleischbrühe
	Außerdem
1 Spritzer Essig	**Butter zum Backen**
Prise Salz, Zucker	**etwas Brunnenkresse zum Garnieren**

Butter heiß werden lassen, Pilze darin rasch wenden, 2 Minuten braten, Kräuter zugeben und kurz mitbraten. Abkühlen lassen.

Reis mit Essig, Salz und Zucker würzen und mit den Pilzen gut vermengen.

Eier mit Sojasauce und Brühe gut verschlagen. Eine kleine Pfanne heiß werden lassen, mit Butter einstreichen und helle Pfannkuchen backen. Pfannkuchen zu einem Viertelkreis zusammenklappen, dabei eine Seite etwas kürzer legen. In die so entstandene Tasche Pilzreis füllen.

Mit Brunnenkresse garnieren und als Vorgericht servieren.

Shiitakesoufflé

300 g Shiitake feinhacken, in Butter wenden	**Salz, frisch gemahlener Pfeffer**
1 Ecke Schmelzkäse zerdrücken	**2 Eiweiß steifschlagen**
1 Schalotte feinhacken	Außerdem
2 Eigelb	**Butter zum Ausstreichen der Form**

Shiitake mit Käse, Schalotte, Eigelb, Salz und Pfeffer vermengen, Eiweiß unterziehen und in gebutterte Portionsförmchen zu ¾ füllen.

Im vorgeheizten Ofen bei 180° C im Wasserbad 30 Minuten garen.

Suppen

Shiitake in Bouillon

Pilzhüte in Würfel (0,5 – 1,0 cm) schneiden, in Butter schwenken, in heiße Brühe (Gemüse, Geflügel, Fleisch) geben und 4 Minuten darin garziehen lassen.

Mit Petersilie bestreut servieren.

Reissuppe mit Shiitake

20 g Butter	**125 g gekochter Reis (warmhalten)**
1 kleine Zwiebel in Scheiben schneiden	**200 g Shiitake in Würfel schneiden**
4 mittelgroße, reife Tomaten häuten, in Stücke schneiden	**1 EL Öl**
	2 EL Schnittlauchröllchen
1 Suppengrün kleinschneiden	
1¼ l kräftige Fleischbrühe	

Im Topf Butter erhitzen, Zwiebel darin anschwitzen, Tomaten und Suppengrün hinzufügen, 15 Minuten dünsten, mit ¼ l Fleischbrühe aufgießen und weitere 20 Minuten auf kleiner Hitze köcheln. Dann das Gemüse durch ein Sieb streichen und die restliche Fleischbrühe aufgießen und aufkochen.

In einer Terrine die Suppe über den Reis anrichten. Pilzwürfel in heißem Öl rösten, in die Suppe geben und Schnittlauchröllchen darüberstreuen.

Lauchcremesuppe mit gerösteten Shiitake

½ l Wasser, Salz, 1 Prise Zucker	30 g Mehl
1 Prise geriebener Muskat	⅜ l heiße Fleischbrühe
500 g Lauch in feine Ringe schneiden	⅛ l Sahne, 1 Eigelb 20 g Butter
1 kleine Zwiebel feinhacken	100 g Shiitake in feine Streifen schneiden
30 g Butter	

Wasser mit Salz, Zucker und Muskat im Topf aufkochen, Lauch und Zwiebel zugeben und 30 Minuten kochen. Das ganze durch ein Sieb passieren und warm stellen.

In einem Topf Butter erhitzen, Mehl darin unter Rühren schwitzen. Fleischbrühe und Lauchbrühe unter Rühren zugießen und 5 Minuten kochen. Dann Topf vom Herd nehmen.

In einer Tasse Sahne mit Eigelb verrühren und in die Suppe einrühren. Abschmecken.

In heißer Butter Pilzstreifen rösten. Suppe in Suppentassen füllen und geröstete Pilzstreifen in die Mitte geben.

Suppe von gekochten Kartoffeln mit Pilzwürfeln

1 EL Butter	Milch soviel wie nötig
2 EL geriebener Parmesan	siedende Fleischbrühe soviel wie nötig
1 EL Mehl	Butter zum Braten
4 am Vortage gekochte und geschälte Kartoffeln reiben	100 g Shiitake in kleine Würfel schneiden

Butter in einer Schüssel sämig rühren. Käse, Mehl, Kartoffeln und soviel Milch dazugeben, daß man einen dickflüssigen Teig erhält. Diesen mit soviel Fleischbrühe verdünnen, bis alles zu einer gebundenen, aber nicht zu dicken Suppe geworden ist. Zum Kochen bringen, dann auf kleiner Hitze 20 Minuten köcheln.

Inzwischen die Pilzwürfel in heißer Butter braten.

Kartoffelsuppe durch ein Sieb streichen, nochmals erhitzen, in Suppentassen füllen und mit Pilzwürfeln bestreuen.

Kartoffelsuppe mit Pilzen

Geschälte, mehligkochende Kartoffeln mit Wasser bedeckt aufsetzen, zum Kochen bringen und ca. 20–25 Minuten unter gelegentlichem Rühren garen. Nachdem die Kartoffeln ganz im Wasser verkocht sind, alles durch ein Sieb streichen und wieder auf die Kochplatte stellen.

Auf 1 l Suppe 200 g in Butter gedünstete Shiitakestreifen und 1 feingeriebene, in Butter gedünstete Zwiebel mit 1 Prise weißem Pfeffer und Salz geben und auf kleiner Hitze zugedeckt 15 Minuten köcheln. Abschmecken.

In eine Suppenterrine füllen und 1 EL Butter mit 1 EL Schnittlauchröllchen darin verrühren. *Mit gerösteten Brotscheiben servieren.*

Scharfsaure Suppe (China) 8–12 Portionen

1 l Hühnerbrühe	frisch gemahlener weißer Pfeffer
Salz	2 EL heller Essig
1 EL Sojasauce	2 EL Speisestärke mit 3 EL kaltem Wasser anrühren
200 g Shiitake feinhacken	
½ Tasse feingehackte Bambussprossen (aus der Dose)	1 Ei leicht verquirlen
	2 EL Sesamöl
125 g Hackfleisch vom Schwein	1 Frühlingszwiebel feinhacken
125 g Tofu unter kaltem Wasser abspülen und fein zerdrücken	

Brühe, eventuell Salz, Sojasauce, Pilze, Bambussprossen und Hack in eine schwere 3 l fassende Kasserrolle geben.

Auf großer Hitze aufkochen, Hitze reduzieren, Deckel auflegen und 3 Minuten langsam kochen.

Dann Tofu, Pfeffer und Essig zugeben und wieder zum Kochen bringen. Angerührte Speisestärke in die Suppe gießen, einige Sekunden rühren, bis die Suppe bindet. Topf vom Feuer nehmen und das Ei einrühren.

In eine Terrine füllen, Sesamöl unterrühren und Frühlingszwiebeln daraufstreuen. Heiß servieren.

Abbildung gegenüberliegende Seite:
Shiitake in Bouillon zum Rezept Seite 24.

Suppen

Scharfsaure Suppe auf andere Art (China) 10 Portionen

1 EL Öl	Für die scharfsaure Mischung
100 g Shiitake in feine Streifen schneiden	2 EL Sojasauce
	2 EL Essig
1 l Hühnerbrühe	2 EL Speisestärke mit 4 EL kalter Brühe anrühren
100 g Schweinefleisch in streichholzfeine Streifen schneiden	
	frisch gemahlener schwarzer Pfeffer
100 g Krabben	Außerdem
25 g Bambussprossen in Scheiben schneiden (aus der Dose)	2 Eier leicht verquirlen
350 g Torfu unter kaltem Wasser abspülen und in 1 cm große Würfel schneiden	

Im Topf Öl erhitzen, Pilze 1 Minute darin anbraten, Brühe zugießen, Fleisch, Krabben und Bambussprossen zugeben und 30 Minuten leise kochen. Dann Tofuwürfel zugeben und weitere 5 Minuten köcheln.

Scharfsaure Mischung anrühren, in die Suppe gießen und rühren, bis die Suppe dickt. Zum Schluß Eier über einen Gabelrücken in die Suppe laufen lassen (sie gerinnen sofort und bilden Flocken).

Heiß servieren. Diese nahrhafte und herzhafte Suppe wird gerne an kalten Tagen gegessen.

Shiitake in Bouillon à la Lady Curzon für 1 Portion

¼ Tasse Bouillon	1 EL Sherry
1 EL Shiitakewürfel in Butter schwenken	1 EL geschlagene Sahne
	1 TL Currypulver

Bouillon erhitzen, Pilzwürfel darin 4 Minuten garziehen lassen, mit Sherry verfeinern und in eine Suppentasse füllen. Sahne mit Curry würzen und als Haube aufsetzen. Im vorgeheizten Grill 3 Minuten gratinieren und *mit Käseblätterteig-Gebäck servieren.*

Abbildung gegenüberliegende Seite:
Bunter Salat mit Shiitake zum Rezept Seite 31

Salate

Pilz-Eiersalat

1 EL Öl	Für die Salatsauce
150 g Shiitake in breite Streifen schneiden	**3 EL Majonnaise**
etwas Zitronensaft	**2 TL Senf**
Salz, Pfeffer	**1 EL Büchsenmilch**
4 hartgekochte Eier pellen, in Scheiben schneiden	**1 TL Zitronensaft**
einige Kopfsalatblätter	**1 Prise Zucker**
	Salz, weißer Pfeffer

In einer Pfanne Butter heiß werden lassen, Pilzstreifen darin rasch wenden und in 3 Minuten garbraten. Mit Zitronensaft beträufeln und leicht mit Salz und Pfeffer würzen.

Pilzstreifen mit Eischeiben auf Salatblättern anrichten.

Für die Salatsauce alle Zutaten verrühren, und die Sauce über den Salat geben.

Tomatensalat mit Shiitake

wenig Butter	Für die Sauce
3 – 4 Shiitake in Stücke schneiden	1 Knoblauchzehe zerdrücken
250 g feste Tomaten in Scheiben schneiden	Salz, frisch gemahlener Pfeffer
	2 EL Rotweinessig, Prise Zucker
1 kleine weiße Zwiebel in Ringe schneiden	3 EL Olivenöl
	1 EL Schnittlauchröllchen

In einer Pfanne Butter zerlassen, Pilze darin 5 Minuten dünsten und abkühlen lassen.

Auf einer Salatplatte Tomatenscheiben dekorativ anrichten, mit Zwiebelringen belegen und Pilze obenauf verteilen.

Für die Sauce Knoblauch mit Salz, Pfeffer, Essig und Zucker verrühren, dann löffelweise Öl einrühren und alles über den Salat gießen. Mit Schnittlauchröllchen bestreuen.

Vor dem Servieren noch gut durchziehen lassen.

Bunter Salat mit Shiitake

1 kleiner Eisbergsalat	**Salz, frisch gemahlener Pfeffer**
1 Bund Radieschen	**6 EL Öl**
200 g Tomaten	**300 g Shiitake Pilze**
2 Bund Schnittlauch	**2 EL Butterschmalz**
4 EL Rotweinessig	**2 TL Balsamico-Essig**

Gewaschenen Eisbergsalat im mundgerechte Stücke zerteilen, Radieschen in Scheiben schneiden, Tomaten achteln und Schnittlauch kleinschneiden. Essig, Salz und Pfeffer verrühren, Öl in dünnem Strahl zugießen und die Soße kräftig mit dem Schneebesen schlagen, bis sie cremig wird. Salatzutaten darin wenden.

Pilze in heißem Butterschmalz 1 Minute braten, salzen, pfeffern, mit Balsamico-Essig ablöschen und warm zu dem Salat geben.

Salate

Shiitake-Keimesalat

Für die Sauce

1 EL Zitronensaft

2 EL Öl

1 EL gehackte Kräuter

Außerdem

250 g Shiitake in feine Streifen schneiden

250 g Mungbohnenkeime 4 Minuten in heißem Wasser ziehen lassen

Salz, Prise Zucker

1 EL Sojasauce

Saucenzutaten anrühren. Shiitake in eine Schüssel geben, mit Marinade anmachen und 5 Minuten ziehen lassen.

Bohnenkeime untermengen, mit Salz, Prise Zucker und Sojasauce verfeinern.

Shiitakesalat auf Chicorée

1 – 2 Chicoréekolben, Blätter vom Strunk lösen

1 EL Öl

150 g Shiitake in Streifen schneiden

1 Kiwi schälen, in Scheiben schneiden

Für die Salatsauce

4 EL Joghurt

1 EL Majonnaise

1 – 2 TL Senf

Salz

Eine Salatschüssel mit Chicoréeblättern auslegen.

In einer Pfanne Öl heiß werden lassen, Pilzstreifen rasch darin wenden und in ca. 3 Minuten garbraten und abkühlen lassen.

Pilzstreifen mit Kiwischeiben auf den Chicoréeblättern anrichten.

Die Zutaten für die Salatsauce verrühren und über den Pilzsalat verteilen.

Gemüse

Geröstete Pilze auf geraspeltem Gemüse

Für das Gemüsebett

250 g Möhren roh feinraspeln

250 g kleine Zucchini roh feinraspeln

1 Bund Radieschen feinraspeln

Für die Pilzpfanne

1 EL Öl

250 g Shiitake in Stücke schneiden

150 g Austernpilze, kleine ganz lassen, große zerkleinern

150 g Champignons oder Braune Egerlinge in dicke Scheiben schneiden

Salz, frisch gemahlener Pfeffer

50 g Butter

1 Frühlingszwiebel feinschneiden oder/und

1 Knoblauchzehe feinhacken

Das geraspelte Gemüse dekorativ auf einer Platte anrichten.

Auf mittlerer Hitze eine weite Pfanne heiß werden lassen, mit Öl einstreichen, alle Pilze unter Wenden darin rösten, bis sie knusprig braun sind. Leicht würzen.

Pilze an den Rand schieben, in der Pfannenmitte Butter schmelzen, Zwiebel und Knoblauch darin Farbe nehmen lassen, dann mit den Pilzen vermengen, kurz durchbraten und sofort auf das Gemüsebett legen.

Gemüse

Shiitake-Kohlrabigemüse

50 g Butter	Für die Beilage
250 g Shiitake in Streifen schneiden	50 g Butter
500 g Kohlrabi in Stifte schneiden	1 große Zwiebel in Würfel schneiden
¼ l Bouillon	500 g gekochte Pellkartoffeln pellen und in Scheiben schneiden
1 EL Speisestärke mit 2 EL Wasser auflösen	

In einem Topf Butter zerlassen, Shiitake zugeben und solange rühren, bis alle Pilze Butter angenommen haben.

Kohlrabi unterrühren, Bouillon zugießen und zugedeckt 15 Minuten auf kleiner Flamme kochen.

Mit Speisestärke das Gemüse binden und weitere 5 Minuten köcheln.

Inzwischen in heißer Butter Zwiebel anbraten, Kartoffelscheiben zugeben und braunbraten.

Shiitake mit Zucchini

1 EL Olivenöl	1 kleine Schöpfkelle Fleischbrühe
250 g Shiitake, kleine ganz lassen, große zerteilen	Salz, frisch gemahlener Pfeffer
250 g Zucchini in Scheiben schneiden	1 EL gehackte Kräuter nach Geschmack
1 Knoblauchzehe feinhacken	

Im Topf Öl heiß werden lassen, Pilze darin rasch wenden und 3 Minuten braten. Zucchinischeiben und Knoblauch zugeben, untermengen und 1 Minute mitbraten. Auf kleine Hitze schalten, Deckel auflegen und 20 Minuten dünsten, dabei gelegentlich umrühren. Bildet sich kein Saft, dann mit Brühe aufgießen, bis der Topfboden bedeckt ist. Zuletzt mit den Gewürzen abschmecken und Kräuter untermengen.

Zu Kurzgebratenem mit Reis.

Shiitake mit Mangold

500 g Mangoldblätter (ersatzweise Spinat) blanchieren, abspülen und ausdrücken

125 g Butter

3 EL Öl

300 g Shiitake in breite Streifen schneiden

1 Knoblauchzehe feinhacken

100 g Frischkäse

30 g geriebener Parmesan

Salz

3 Eigelb

60 g Semmelbrösel

Die ausgedrückten Mangoldblätter feinhacken.

Im Schmortopf Butter und 1 EL Öl erhitzen, Pilze und Knoblauch zugeben und kurz anbraten ohne zu bräunen, Mangold hinzufügen und gut untermengen.

Topf vom Herd nehmen, Frischkäse und Parmesan hineingeben, mit Salz würzen und mit Eigelb zu einer glatten Masse verrühren.

Eine Auflaufform mit Öl fetten und mit 30 g Semmelbröseln ausstreuen. Pilzgemüse in die Form füllen, glattstreichen, mit den restlichen Semmelbröseln bestreuen und mit restlichem Öl beträufeln.

Im vorgeheizten Ofen bei 190 Grad 30 – 40 Minuten backen, bis die Oberfläche goldbraun ist.

Das Gericht kann heiß oder kalt serviert werden.

Pilz-Lauchgemüse

30 g Butter

1 Stange Lauch

250 g Shiitake, kleine ganz lassen, große zerteilen

Salz, Pfeffer

Auf mittlerer Hitze in einer Kasserolle Butter heiß werden lassen, Lauch zugeben und 5 Minuten dünsten.

Pilze hinzufügen, unterrühren und zugedeckt weitere 5 Minuten dünsten. Hitze abschalten, mit Salz und Pfeffer würzen, dann noch 3 Minuten ziehen lassen.

Zu kurzgebratenem Fleisch.

Shiitake mit Chicorée

125 g Butter	Für die Käsesauce
8 Chicoréekolben putzen und waschen	125 g Frischkäse
Salz, frisch gemahlener Pfeffer	125 g geriebener Parmesan
2 – 3 EL Zitronensaft	2 Eier
125 g durchwachsenen Speck in feine Streifen schneiden	Salz, frisch gemahlener Pfeffer
10 g Butter	¼ l Sahne
300 g Shiitake in Streifen schneiden	

Einen Schmortopf mit 15 g Butter einstreichen. Chicorée einlegen, restliche Butter zugeben und mit Salz und Pfeffer bestreuen. Auf mittlerer Hitze Butter zum Schäumen bringen, dann Hitze reduzieren und zugedeckt 25 Minuten schmoren. Oder in einer gebutterten, feuerfesten Form im Ofen bei 180 Grad 1 Stunde garen.

Nach dem Garen Chicorée mit Zitronensaft beträufeln.

Inzwischen in einer Pfanne Speckstreifen in heißer Butter ausbraten, Pilze zugeben und unter Rühren 3 – 5 Minuten mitbraten. Die Pilze auf dem gegarten Chicorée verteilen.

Für die Sauce Frischkäse und Parmesan in eine Schüssel geben, Eier, Salz und Pfeffer hinzufügen und mit dem Schneebesen zu einer dicken Paste schlagen. Sahne zugießen und rühren, bis es eine glatte Sauce ist. Dies über die Pilze gießen und noch 25 Minuten überbacken.

Shiitake mit Zuckerschoten

20 g Butter	250 g Zuckerschoten (Kaiserschoten), Spitzen abschneiden, 3 Minuten blanchieren
250 g Shiitake in Streifen schneiden	
Salz, Pfeffer	

In einer Pfanne auf mittlerer Hitze Butter schmelzen, Pilze darin unter Rühren braten, bis sie zu saften beginnen. Leicht würzen und mit den Zuckerschoten zusammen anrichten.

Zu jedem grünen Salat.

Shiitakeauflauf mit Kartoffeln

1000 g Kartoffeln schälen, in Salzwasser garkochen	**125 g durchwachsenen Speck in Würfel schneiden**
100 g Mehl	**1 Zwiebel in Würfel schneiden**
Butter für die Form	**400 g Shiitake in Streifen schneiden**
20 g Butter	**Butterflöckchen zum Belegen**

Gekochte Kartoffeln trockenschütteln, durch ein Sieb streichen und mit Mehl verkneten.

Eine feuerfeste Form mit Butter einstreichen und mit der Hälfte des Kartoffelteiges auslegen.

In einer Pfanne Butter heiß werden lassen, Speck darin ausbraten, Zwiebel zugeben und darin goldgelb dünsten, Pilze hinzufügen und unter Rühren 3 Minuten mitbraten.

Pilzgemüse in die Form füllen, restlichen Kartoffelteig darüberstreichen, mit Butterflöckchen belegen und bei 180 Grad im vorgeheizten Ofen 45 Minuten backen.

Kartoffel-Pilzküchlein 1 Portion

200 g geschälte Kartoffeln	**100 g Shiitake**
½ l Salzwasser	**Butter zum Braten**
1 EL Mehl	

Kartoffeln in Salzwasser garkochen, Wasser abgießen und die Kartoffeln mit einer Gabel zerdrücken. Mehl unterrühren und 20 Minuten stehen lassen.

Inzwischen Pilze erst in feine Streifen, dann in Würfel schneiden und feinhakken. Pilze unter den Kartoffelteig mengen und daraus kleine Küchlein formen.

In einer flachen Pfanne auf mittlerer Hitze in Butter die Küchlein von beiden Seiten goldbraun backen.

Dazu Salat. Oder als Beilage zu Wild oder Geflügel.

Gemüse

Gemüsepfanne

60 Weizenkörner über Nacht in kaltem Wasser einweichen	1 Kohlrabi geschält würfeln
1/8 l Brühe	200 g kleine Zucchini längs vierteln und in Stücke schneiden
2 EL Sojasauce	400 g Shiitake Pilze
1 kleine Zwiebel (50 g) schälen	Salz, Pfeffer, Zitronensaft
2 EL Butter	1 Knoblauchzehe zerdrücken
200 g Möhren geschält würfeln	1 Kästchen Kresse abbrausen

Weizenkörner mit Brühe und Sojasauce übergießen und 15 Minuten kochen. Die Zwiebel in heißer Butter langsam weichdünsten, dann Shiitake kurz und kräftig anbraten. Das Gemüse untermischen, mit Salz, Pfeffer, Zitronensaft und Knoblauch würzen und 5 Minuten schmoren. Danach die Weizenkörner mit der halben Sojabrühe dazugeben und weitere 7 Minuten schmoren. Die Kresse kurz vor dem Servieren über dem Gemüse abschneiden und das ganze noch einmal umrühren.

Zu Reis.

Möhren-Pilzeintopf 1 Portion

20 g Butter	½ Tasse heiße Hühnerbrühe, Pilzstiele darin 20 Minuten ziehen lassen
200 g Möhren in Stifte schneiden	
100 g Shiitake in Streifen schneiden	1 TL Speisestärke in etwas Wasser auflösen
Salz, Pfeffer	

Auf kleiner Hitze im Topf 10 g Butter zerlassen, Möhren darin schwenken und 20 Minuten dünsten. Auf mittlere Hitze schalten, 10 g Butter mit den Pilzen zugeben und unter Rühren die Pilze in 2 Minuten etwas anbraten, wieder auf kleine Hitze schalten, wenig mit Salz und Pfeffer würzen und zugedeckt 5 Minuten dünsten.

Speisestärke zum Pilzgemüse geben, Hitze abschalten, umrühren und noch 10 Minuten ziehen lassen.

Zu Kartoffelpüree oder als Beilage zu Kurzgebratenem.

Zehngemüsetopf/Buddhistische Fastenspeise

Gemüse (etwa je 50 g) nach Saison zusammenstellen, zum Beispiel:

Aubergine	**Außerdem**
Zucchini in Scheiben schneiden	**Öl**
Paprika (grün, rot und gelb) in Würfel schneiden	**Zitronensaft**
	Salz, Pfeffer, Paprika
Mohrrüben in Scheiben schneiden	**1 TL Speisestärke**
grüne Bohnen	**⅛ l Hühnerbrühe**
Blumenkohl in Röschen teilen	
Lauch oder Frühlingszwiebeln in Streifen schneiden	
Stangensellerie in kleine Würfel schneiden	
Shiitake und andere Pilze, kleine ganz lassen, große zerteilen	
Fleischtomaten häuten, in Achtel schneiden	

Aubergine in Scheiben schneiden, salzen, mit Zitronensaft beträufeln, ½ Stunde saften lassen, ausdrücken, mit kaltem Wasser abwaschen, abtrocknen und in Würfel schneiden. Mit Zucchinischeiben in Öl 5 Minuten dünsten, leicht würzen.

Paprikawürfel und Mohrrübenscheiben getrennt in Öl 5 Minuten dünsten, leicht würzen. Grüne Bohnen und Blumenkohlröschen in kochendem Salzwasser 3 Minuten blanchieren.

Im großen Topf auf kleiner Flamme 1 EL Öl heiß werden lassen, Lauchstreifen und Selleriewürfel andünsten. Pilze zugeben und 5 Minuten braten, Tomatenachtel und die anderen Gemüse nacheinander untermengen. Speisestärke mit Hühnerbrühe anrühren, in das Gemüse gießen, umrühren, abschmecken und ohne Hitze 5 Minuten auf der heißen Platte ziehen lassen.

Saucen

Shiitake in heller Sauce 1 Portion

Für die Sauce	Außerdem
1 EL Butter	**1 TL Öl**
1 EL Mehl	**150 g Shiitake in Streifen schneiden**
¼ l Fleischbrühe	**Salz, Pfeffer**

Auf kleiner Hitze im Stieltopf Butter zerlassen, Mehl einstreuen, unter Rühren schwitzen, bis es keine Blasen mehr gibt. Vom Feuer nehmen, Brühe einrühren, mit dem Schneebesen kräftig durchschlagen und auf kleiner Hitze 7 Minuten köcheln.

Inzwischen eine Pfanne auf mittlerer Hitze heiß werden lassen, Pfannenboden mit Öl einstreichen, Pilze zugeben, rasch wenden und 2 Minuten braten.

Auf kleine Hitze schalten, Deckel auflegen und 5 Minuten dünsten, dabei gelegentlich umrühren.

Pilze in die Sauce geben, ohne Hitze 3 Minuten ziehen lassen und zu gekochtem Rindfleisch servieren.

Feine Pilzsauce chinesische Art

1 EL Öl	5 EL Brühe (nach Vorrat)
200 g Shiitake in feine Streifen schneiden	1 EL Sojasauce
	2 TL Sherry
50 g Bambussprossen aus der Dose: Inhalt abtropfen und in feine Streifen schneiden	1 gehäufter TL Sojamehl (ersatzweise Speisestärke) mit 3 EL Wasser verrühren
2 EL grüne Erbsen	

In kleiner Bratpfanne auf mittlerer Hitze Öl heiß werden lassen. Pilze, Bambussprossen und Erbsen zufügen und 1 Minute rühren. Mit Brühe aufgießen, mit Sojasauce und Sherry würzen, aufkochen, Hitze reduzieren und weitere 2 Minuten köcheln. Dann angerührtes Sojamehl zugießen und rühren, bis die Sauce glatt und cremig ist.

Über Eiergerichte oder Omeletts geben.

Pilze in dicker Sauce

2 EL Öl	½ TL Zucker
500 g Shiitake in dünne Streifen schneiden	⅛ l Hühnerbrühe
	½ TL Speisestärke
250 g Champignons in Scheiben schneiden	4 EL Wasser
	1 EL Sojasauce
½ TL Salz, frisch gemahlener Pfeffer	

In einer weiten Pfanne Öl erhitzen, Shiitake und Champignons rasch braten, Salz, Pfeffer und Zucker darüberstreuen und mit Brühe auffüllen. Auf kleiner Hitze 3 Minuten köcheln.

Speisestärke mit Wasser anrühren, mit Sojasauce würzen und langsam in die Sauce rühren, bis sie gebunden ist.

Mit gekochtem Reis, Nudeln oder Kartoffeln.

Saucen

Shiitake in Knoblauch-Zwiebelsauce

4 EL Olivenöl	**1 mittelgroße Zwiebel feinhacken**
400 g Shiitake, kleine ganz lassen, große in Stücke teilen	**2 EL feingehackte Petersilie**
	4 EL Tomatensaft
2 Knoblauchzehen feinhacken	**Salz, frisch gemahlener Pfeffer**

In einer Bratpfanne 2 EL Öl erhitzen und bei großer Hitze die Pilze unter Rühren 10 Minuten braten, herausnehmen und in einer vorgewärmten Schüssel warm halten.

1 EL Öl in die Pfanne geben, auf mittlerer Hitze Knoblauch, Zwiebel und Petersilie darin ca. 5 Minuten garen, ohne zu bräunen, dann Tomatensaft zugeben, würzen mit Salz und Pfeffer und zuletzt 1 EL Olivenöl unterrühren.

Pilze mit der Sauce überziehen und *zu Lammfleisch servieren.*

Shiitake gebraten mit Persillade

Für die Persillade	Außerdem
1 große Knoblauchzehe auspressen	**1 EL Olivenöl**
1 Bund Petersilie waschen, trockentupfen und feinhacken	**200 g Shiitake (große zerkleinern), Stiele abschneiden**
	Salz, frisch gemahlener Pfeffer
	Zitronensaft

Knoblauch und Petersilie vermischen.

In einer Bratpfanne auf großer Hitze Öl erhitzen, Pilze hineingeben und unter ständigem Rühren oder Rütteln 3 – 4 Minuten braten, bis sie gar und knusprig sind.

Gewürze und Persillade einrühren und eine weitere Minute braten.

Mit Zitronensaft beträufeln und sofort servieren.

Pfannengerichte

Nudelpfanne mit Shiitake 8 Portionen

2 Zwiebeln kleinschneiden	**Pfeffer aus der Mühle**
1 große Knoblauchzehe mit Salz zerdrücken	**2 Bund Petersilie kleinschneiden**
	Öl zum Braten
Öl zum Braten	**250 g Vollkornnudeln in Salzwasser garkochen**
300 g Shiitake in Streifen schneiden	

Zwiebeln und Knoblauch in Öl glasig dünsten. Pilzstreifen dazugeben und 4 Minuten mitdünsten, leicht pfeffern. Petersilie darüberstreuen, vom Herd nehmen.

In einer großen Pfanne Öl erhitzen, Nudeln darin schwenken. Pilze dazugeben, untereinanderheben und mit Petersilie bestreut in der Pfanne servieren.

Dazu Feldsalat.

Pfannengerichte

Pfannkuchenauflauf mit Shiitake 4 – 6 Portionen

Pfannkuchenteig

125 g Mehl

½ l Milch

4 Eier

3 EL Öl

Füllung I

1 EL Öl

300 g Shiitake in Streifen schneiden

1 Knoblauchzehe zerdrücken

2 EL Sahne

etwas Salz und Pfeffer

Füllung II

250 g Sahnequark

2 Eier

100 g geriebener Käse (z. B. Gouda oder Bayerischer Schnittkäse)

Außerdem

Butter zum Bestreichen der Form

Für die Pfannkuchen Mehl in die Milch rühren, 20 Minuten quellen lassen, dann die Eier in den Mehlteig rühren.

Inzwischen in heißem Öl Pilze 8 Minuten braten. Knoblauch kurz mitbraten, würzen mit Salz und Pfeffer, Sahne aufgießen, Hitze abschalten und 2 Minuten köcheln. Quark mit Eiern und Käse verrühren.

Nun 4 Pfannkuchen backen.

Eine runde Auflaufform mit Butter ausstreichen, Pfannkuchen einschichten, dabei abwechselnd mit Pilzen und Quark belegen. Mit Quark abschließen.

Im Backofen bei 225° C 20 Minuten backen.

Abbildung gegenüberliegende Seite:
Shiitake-Keimesalat zum Rezept Seite 32.

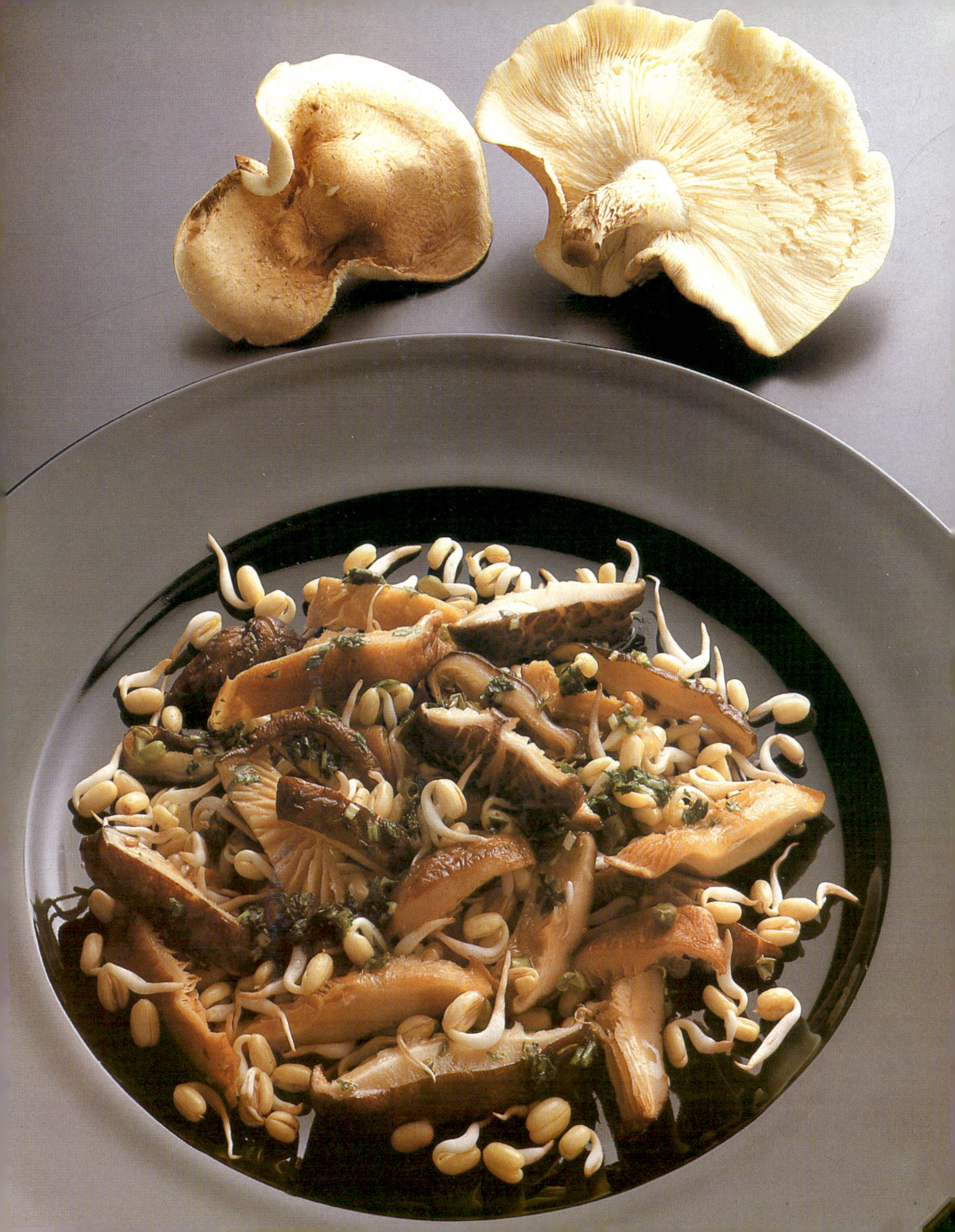

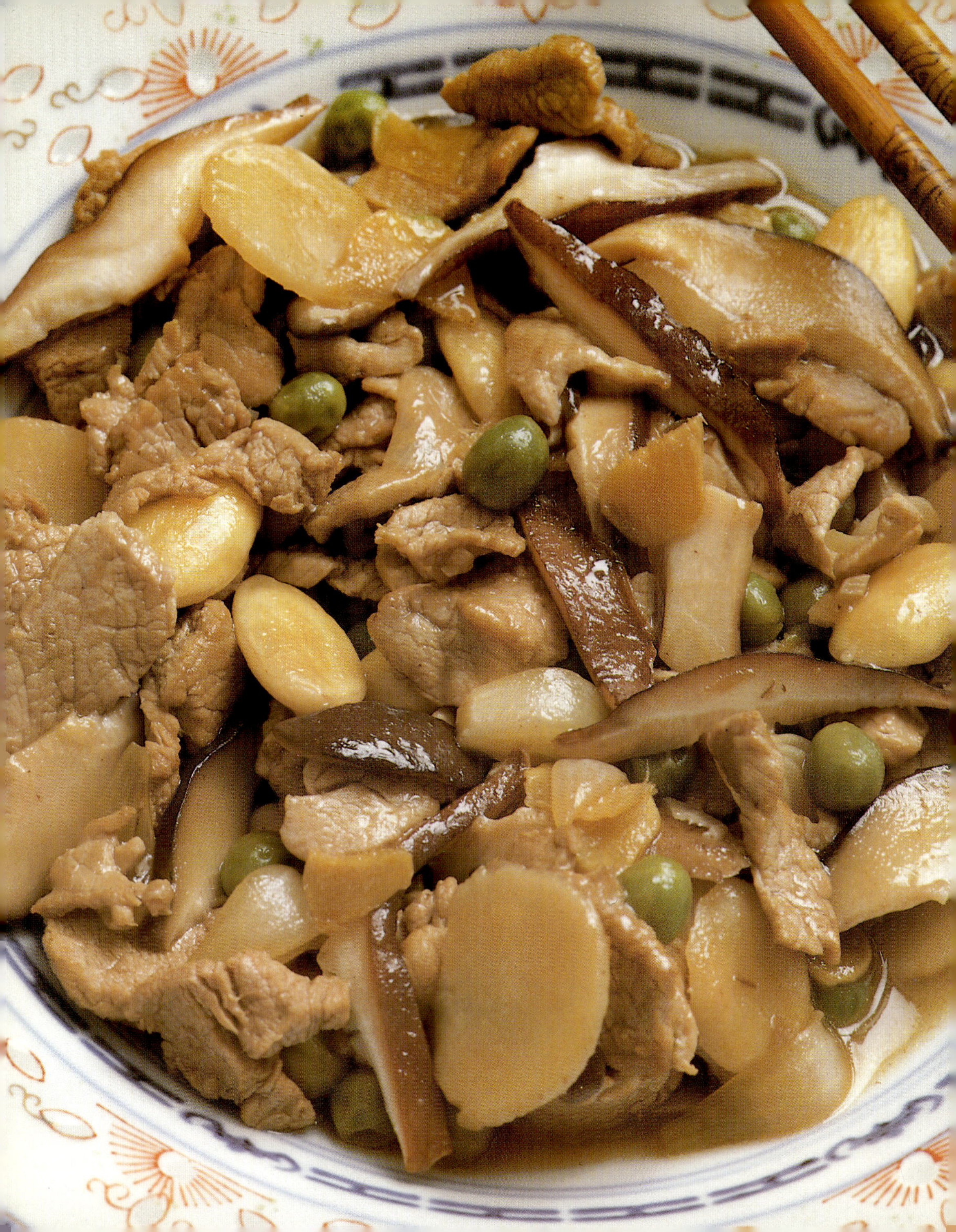

Pfannengerichte

Shiitake Pfannkuchen

30 g Butter	**Salz, schwarzer Pfeffer**
1 kleine Zwiebel feinhacken	**1 EL Mehl**
150 g Shiitake in feine Streifen schneiden	**1 Ei**
	2 EL Milch

In einer Pfanne Butter erhitzen, Zwiebel andünsten, Pilze dazugeben, salzen und pfeffern, Deckel auflegen und 3 – 5 Minuten dünsten.

Aus Mehl, Ei, Milch und wenig Salz dickflüssigen Teig zubereiten, über die Pilze gießen und den Pfannkuchen von beiden Seiten goldgelb backen.

Mit grünem Salat servieren.

Kartoffel-Pilzpuffer

200 g geschälte rohe Kartoffeln reiben	**2 Eigelb**
2 EL Sahne	**Salz, Pfeffer**
1 kleine Zwiebel schälen und reiben	**2 Eiweiß steifschlagen**
200 g gekochte Kartoffeln reiben	**Butter zum Backen**
200 g Shiitake feinhacken	

Die geriebenen rohen Kartoffeln in einem Tuch ausdrücken oder in einem Sieb mit einem Teller beschwert abtropfen lassen. Wenn sie trocken sind, nach und nach Sahne, Zwiebel, gekochte Kartoffeln, Pilze und Eigelb unterrühren. Mit Salz und Pfeffer abschmecken, dann Eiweiß unterrühren.

In einer flachen Pfanne auf mittlerer Hitze in Butter kleine Puffer von beiden Seiten goldbraun backen.

Dazu Preiselbeerkompott.

Abbildung gegenüberliegende Seite:
Geschnetzeltes vom Schwein mit Shiitake zum Rezept Seite 63

Cannelones mit Shiitakefüllung

250 g Shiitake in Streifen schneiden	Für die Béchamelsauce
50 g Butter	**20 g Butter**
250 g Frühlingszwiebeln in Ringe schneiden (wahlweise Lauch)	**1 gehäufter EL Mehl**
	⅛ l Bouillon
1 Knoblauchzehe zerdrücken	**Salz, Pfeffer**
Salz, frisch gemahlener Pfeffer	**wenig geriebene Muskatnuß**
Fett zum Ausbacken	Für den Eierkuchenteig
	5 Eier
	½ l Milch
	4 EL Mehl
	Salz
	Zum Panieren
	1 Ei verschlagen
	Semmelbrösel nach Bedarf

Pilze in heißer Butter schwenken, Frühlingszwiebel (oder Lauch) mit Knoblauch, Salz und Pfeffer zugeben und das ganze unter Rühren 5 Minuten braten. Pfanne vom Feuer nehmen.

In einer Kasserolle Butter zergehen lassen, Mehl darin 3 Minuten anschwitzen, mit Bouillon angießen und rühren, bis die Béchamelsauce glatt und sämig ist. Mit Salz, Pfeffer und Muskat abschmecken. Pilze in die Béchamelsauce geben und etwas einkochen.

Aus Eiern mit Milch, Mehl und Salz einen Eierkuchenteig zubereiten und in einer Pfanne dünne Eierkuchen backen.

Eierkuchen halbieren, jeweils mit Pilzfüllung belegen, zusammenrollen, in Ei wenden, in Semmelbröseln panieren und im heißen Fett rundum bräunen.

Mit Salat der Saison servieren.

Shiitake im Goldmantel

Für den Teig	Außerdem
5 EL Mehl, 1 Ei	Fritierfett auf 180° C erhitzen
etwas Wasser, Salz	600 g Shiitake, kleinere ganz lassen, größere zerteilen
2 EL feingehackte Schalotten	

Aus den Zutaten einen nicht zu dünnflüssigen Teig rühren.

Pilze in den Teig tauchen, bis sie ganz eingehüllt sind. Die Pilze 3 Minuten fritieren.

Servieren mit **Pikanter Sauce in asiatischer Art**

1 Knoblauchzehe feinhacken	1 EL *Mandarinenmus*
2 EL dunkle Sojasauce	1 EL Essig
1 EL Reiswein	1 TL Speisestärke

Alle Zutaten mischen und in einer kleinen Pfanne kurz aufkochen.

Für das Mandarinenmus

2 Mandarinen schälen, Häute und Kerne entfernen, Fruchtfleisch zerdrücken und mit 5 EL gestoßenem weißen Kandiszucker verrühren und leicht erwärmen, bis sich der Zucker auflöst.

Shiitake-Frühstückspfanne

30 g Butter	250 g Tomaten häuten, in Scheiben schneiden
250 g Shiitake, kleinere ganz lassen, große zerteilen	3 Eier mit etwas Salz verschlagen
1 Knoblauchzehe zerdrücken	Salz, frisch gemahlener Pfeffer
	50 g geriebener Käse

In einer Pfanne Butter zergehen lassen, Pilze und Knoblauch darin 5 Minuten dünsten. Tomaten und Eier zugeben, mit Salz und Pfeffer würzen, mit Käse bestreuen und zugedeckt bei kleiner Hitze 4 Minuten stocken lassen.

Pfannengerichte

Pfannengerührte Shrimps mit Pilzen, Tofu und feingehacktem Schweinefleisch (China)

3 EL Öl	350 g Tofu unter kaltem Wasser abspülen, mit Sojasauce beträufeln und in kleine Würfel schneiden
50 g Hackfleisch	
1 Scheibe frischer Ingwer	1 EL Sherry
Salz	½ TL Sardellenpaste
200 g Shrimps aus der Dose: Inhalt abbrausen	1 gehäufter TL Speisestärke mit 6 EL Hühnerbrühe anrühren
1 Frühlingszwiebel in 3 cm lange Stücke schneiden	1 TL Sesamöl
150 g Shiitake in Stücke schneiden	

In einer Pfanne 1½ EL Öl erhitzen, Hackfleisch und Ingwer darin auf starker Hitze 2 Minuten pfannenrühren, Shrimps zufügen und weitere 2 Minuten braten, dann mit Schaumlöffel aus der Pfanne heben und warmstellen.

Mit dem restlichen Öl Zwiebel und Pilze anbraten, Tofuwürfel zufügen, vorsichtig rühren und 2 Minuten braten. Danach mit Sherry und Sardellenpaste würzen und das ganze 1 weitere Minute unter Rühren köcheln.

Speisestärke einrühren, Hackfleisch und Shrimps wieder in die Pfanne geben, dabei sanft rühren und 3 Minuten köcheln.

Zum Schluß das Gericht mit Sesamöl beträufeln.

Omeletts und Crêpes mit Shiitake-Füllungen

Grundrezept für 1 Omelett

3 Eier	**1 – 2 EL Wasser**
Prise Salz, evtl. frisch gemahlener Pfeffer	**20 g Butter**

In einer Schüssel Eier mit Salz, Pfeffer und Wasser mit der Gabel leicht verschlagen.

In einer flachen Pfanne auf mittlerer Hitze Butter heiß, aber nicht braun werden lassen. Eimasse zugeben und sofort mit der Gabel durchrühren, damit sich das noch flüssige Ei mit dem bereits gestockten vermischt.

Ist die Eimasse fest, Omelett vorsichtig einrollen, auf einen vorgewärmten Teller gleiten lassen und mit Füllung belegen.

Oder die eine Hälfte des Omeletts auf den Teller gleiten lassen, mit Füllung belegen und die andere Hälfte darüberklappen. Die Mitte des Omeletts muß noch weich sein.

Omeletts und Crêpes mit Shiitake-Füllungen

Grundrezept für 12 Crêpes

Crêpes sind kleine, mit Ei, Sahne und geschmolzener Butter verfeinerte, in Butter hauchdünn gebackene Pfannkuchen mit Füllung, zusammengerollt oder gefaltet. Zum Backen der Crêpes gibt es Spezialpfannen.

125 g Mehl	**Prise Salz**
4 Eigelb	**65 g Butter schmelzen**
⅛ l Milch	**4 Eiweiß steifschlagen**
200 ccm dicke Sahne	**Butter zum Braten**

Mehl in eine Schüssel sieben, abwechselnd nach und nach Eigelb, Milch, Sahne, Salz und geschmolzene Butter einrühren. 20 Minuten ziehen lassen, danach Eiweiß unterheben.

Auf mittlerer Hitze Pfanne heiß werden lassen, Pfannenboden mit Butter ausstreichen, soviel Teig eingießen (dabei die Pfanne drehen), daß der Pfannenboden gleichmäßig dünn mit Teig bedeckt ist. Crêpes von beiden Seiten goldbraun backen.

Nach dem Backen aufeinanderlegen und bis zum Füllen warmhalten.

Verschiedene Shiitakefüllungen für Omeletts und Crêpes

Grundrezept

150 g Shiitake in Streifen schneiden. Auf mittlerer Hitze Pfanne heiß werden lassen, Pfannenboden mit 1 EL Öl einstreichen, Pilze hineingeben und in 4 Minuten unter Wenden braunbraten. Pilze an den Pfannenrand schieben und 20 g Butter in die Mitte geben, schmelzen und 1 kleine gehackte Zwiebel oder feingeschnittene Frühlingszwiebel goldgelb braten. Nun die Pilze untermengen und die Omeletts bzw. Crêpes damit füllen.

Diese Füllung kann nach Geschmack und Phantasie erweitert werden, z.B. mit:

Käse
100 g Gouda in Würfel schneiden und kurz mitbraten, bis der Käse schmilzt.

Krabben
100 g Krabben abspülen, abtropfen und kurz mitbraten.

Tomaten
2 Fleischtomaten häuten, in Würfel schneiden, leicht salzen und mitbraten, bis die Tomatenwürfel zu schmelzen beginnen.

Tomaten und Zucchini
1 große Fleischtomate häuten, in Würfel schneiden.
1 kleine Zucchini in Scheiben schneiden. Beides mit Salz und Pfeffer würzen und kurz mitbraten.

Prinzeßbohnen
100 g gekochte und in Butter geschwenkte Bohnen untermengen.

Chinakohl
100 g Chinakohl in feine Streifen schneiden. Auf mittlerer Hitze in einer weiten Pfanne in 20 g Butter braten, mit Sojasauce würzen und untermengen.

Spinat
100 g blanchierten Spinat mit gehackten in Butter gedünsteten Zwiebeln untermengen.

Tofu und Bohnenkeimen
100 g Tofu in Würfel schneiden, mit Sojasauce beträufeln, mit 100 g Bohnenkeimen 2 Minuten braten und untermengen.

Schwarzwurzel
100 g gekochte und in Butter geschwenkte Schwarzwurzeln untermengen.

Bohnenkeimen
100 g Bohnenkeime 2 Minuten mitbraten.

Austernpilzen und/oder Champignons
Je 50 g in dicke Streifen oder Scheiben geschnittene und in Butter mit gehackter Petersilie 4 Minuten gebratene Pilze untermengen.

Lauch
½ Stange feingeschnittenen und in Butter gedünsteten Lauch untermengen.

Omeletts und Crêpes *heiß auf vorgewärmten Tellern mit grünem Salat servieren.*

Reis und Teigwaren

Risotto mit Shiitake

4 EL Olivenöl	Zum Untermischen
1 Zwiebel in Würfel schneiden	50 g Butter
1 Knoblauchzehe feinhacken	200 g Shiitake in Stücke schneiden
400 g Rundkornreis	Salz, Pfeffer
1/8 l trockener Weißwein	100 g Krabben aus der Dose: Inhalt abbrausen, abtropfen lassen
1 l Fleischbrühe	250 g Spinat verlesen, waschen, kurz blanchieren und abtropfen lassen
	je 50 g geriebener Emmentaler und Parmesan

Im Topf Butter zerlassen, Zwiebel und Knoblauch andünsten. Reis zugeben, und ca. 2 Minuten glasig dünsten. Wein zugießen und unter Rühren zum Kochen bringen. Nach und nach mit Brühe auffüllen, aufkochen, nach 2 Minuten auf kleinste Hitze schalten und 20 Minuten quellen lassen.

Inzwischen in heißer Butter Pilze 5 Minuten braten und leicht würzen mit Salz und Pfeffer. Krabben zugeben und kurz mitbraten, Spinat hinzufügen und mit erwärmen.

Wenn der Reis gar ist, Pilze, Krabben, Spinat und Käse mit 2 Gabeln daruntermengen. *Servieren mit grünem Salat.*

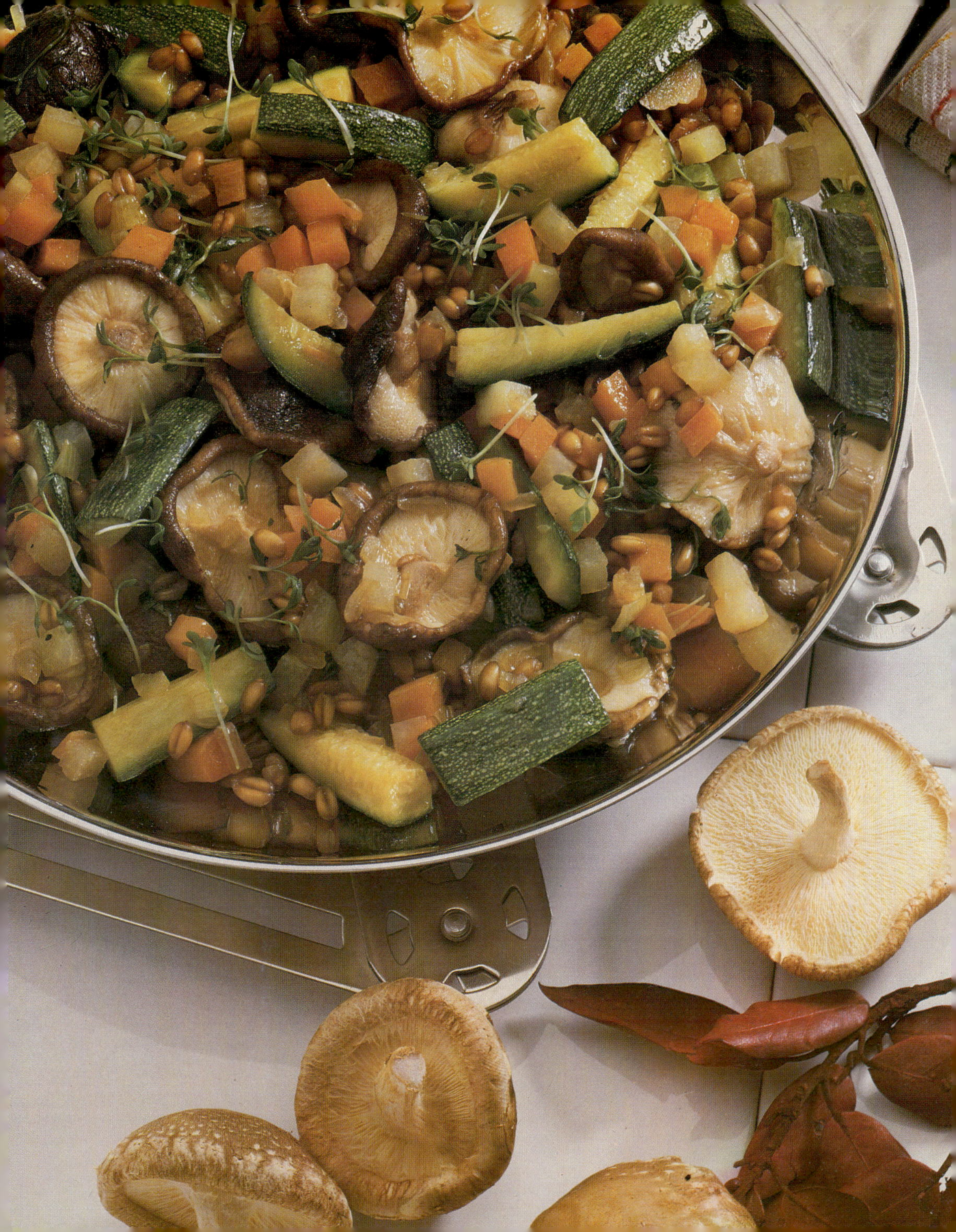

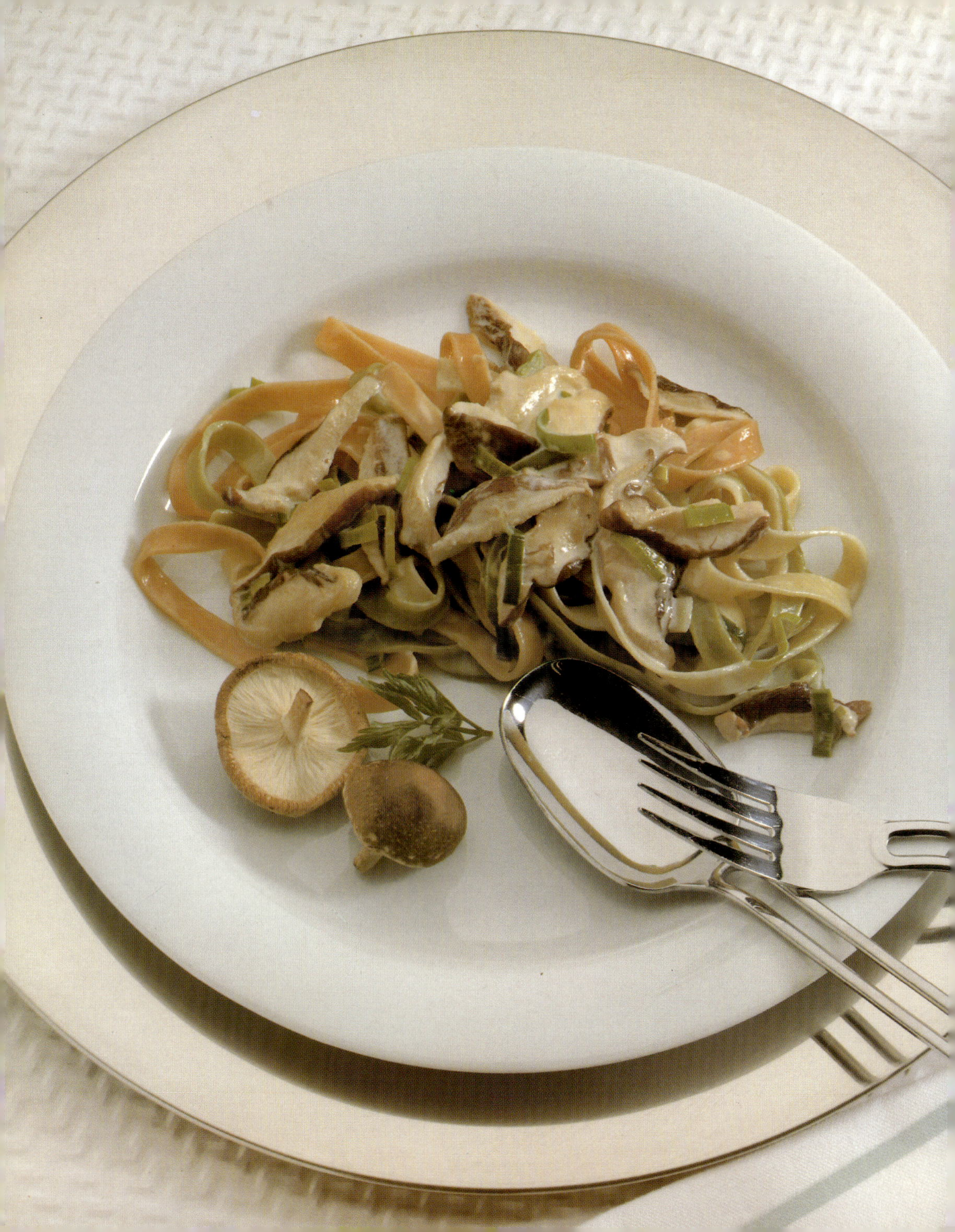

Pilz-Reisklößchen

1 Tasse Reis	Salz, weißer Pfeffer, Muskat
1 Tasse Fleischbrühe	1 EL feingehackte, in Butter gedünstete Kräuter (Kerbel, Petersilie, Estragon)
80 g Butter	
250 g Shiitake kleinschneiden und feinhacken	1 EL Semmelbrösel
1 Schalotte feinhacken	Salzwasser oder Bouillon zum Garziehen
2 Eier	

Im Topf Reis mit Fleischbrühe aufsetzen, zum Kochen bringen, auf kleinste Hitze schalten, 25 Minuten garen und abkühlen lassen.

In 10 g Butter Pilze und Schalotte dünsten, bis die Pilzmasse fast trocken ist, dann abkühlen lassen.

Restliche Butter schaumig rühren mit Eier, wenig Salz, Pfeffer, Muskat, Kräutern, Semmelbröseln, Pilzen und Reis gut vermengen und kleine Klößchen daraus formen.

Salzwasser oder Bouillon aufkochen, Klößchen einlegen, auf kleinste Hitze schalten und 10 Minuten garziehen lassen.

Zu Fricassée, Ragout oder anderen Saucengerichten.

Varianten

Die Klößchen mit geschmolzener Butter begießen oder mit geriebenem Käse bestreuen.

Als *Kroketten* die Klößchen zuerst in Mehl, dann in verschlagenem Ei und zuletzt in Semmelbröseln wälzen und in heißem Fett ausbacken.

Reis und Teigwaren

Reis mit Pilzen

250 g Reis	1 EL feingehackte Petersilie
1½ Tassen kräftige Fleischbrühe	Salz, weißer Pfeffer
1 EL Öl	Butter für die Form
250 g Shiitake in Streifen schneiden	1 Ei verschlagen
10 g Butter	3 EL geriebener Parmesan

Reis mit Fleischbrühe aufsetzen, zum Kochen bringen, auf kleinste Hitze schalten und in ca. 25 Minuten weich kochen.

Eine weite Pfanne mit Öl einstreichen, heiß werden lassen, Pilze hineingeben und bei mäßiger Hitze gardünsten. Butter, Petersilie, Salz und Pfeffer zugeben und 2 Minuten weiter dünsten.

Eine feuerfeste Form mit Butter einstreichen, mit einer dünnen Lage Reis belegen, eine dünne Lage Pilze darauf verteilen und mit weiteren Lagen abwechselnd die Form füllen. Die oberste Reisschicht mit Ei bestreichen, mit Butterflöckchen belegen, mit Parmesan bestreuen und bei 180 Grad im Ofen 40 Minuten backen. *Zu gekochtem oder gebratenem Rindfleisch.*

Käsespätzle mit Shiitake

400 g Mehl, 4 Eier, Salz	3 große Shiitake kleinschneiden
etwas Wasser, 50 g Butter	Salz, Pfeffer
1 Zwiebel feinhacken	200 g Emmentaler reiben
	1 Bund Schnittlauch feinschneiden

Aus Mehl, Eiern, Salz und Wasser einen geschmeidigen Teig zubereiten, gut durchschlagen und mit dem Spätzlehobel in kochendes, leicht gesalzenes Wasser schaben. Die Spätzle sind gar, wenn sie im Wasser hochkommen. Herausnehmen und abtropfen lassen.

Inzwischen in zerlassener Butter Zwiebel glasig dünsten, Pilze zugeben, mit Salz und Pfeffer würzen und 5 Minuten braten. Nun Spätzle und Käse zugeben, untermischen und auf kleiner Hitze unter Rühren weiterbraten, bis sich der Käse aufgelöst hat. Vor dem Servieren mit Schnittlauch bestreuen.

Shiitake-Nudelauflauf

50 g Butter	Für die Eiermilch
300 g Shiitake in Streifen schneiden	**3 Eier**
2 Zwiebeln in Würfel schneiden	**⅛ l Milch**
2 Knoblauchzehen zerdrücken	**etwas Muskat**
Salz, frisch gemahlener Pfeffer	Außerdem
einige Tropfen Zitronensaft	**2 EL Semmelbrösel**
8 dünne Scheiben Schinkenspeck	**75 g geriebener junger Gouda**
250 g Bandnudeln bißfest kochen, heiß abspülen und abtropfen lassen	

Im Topf Butter zerlassen, Shiitake darin schnell schwenken und 3 Minuten braten. Zwiebel und Knoblauch zugeben, würzen mit Salz, Pfeffer und Zitronensaft und das ganze 10 Minuten zugedeckt dünsten.

Boden einer Auflaufform mit Speck belegen, lagenweise Nudeln und Pilze einfüllen und im vorgeheizten Ofen bei 180° C 20 Minuten backen.

Inzwischen Eier mit Milch, etwas Muskat, Salz und Pfeffer verquirlen und nach 20 Minuten Backzeit über die Nudeln gießen. Semmelbrösel und Käse darüberstreuen und weitere 25 Minuten backen. Falls der Auflauf zu braun werden sollte, mit Alufolie abdecken.

Dazu Salat.

Shiitake-Lauchsauce mit Bandnudeln

2 dünne Lauchstangen in Streifen und 250 g Pilze in Scheiben schneiden. Beides unter Rühren in 2 EL Butter 5 Minuten braten. Mit Salz, Pfeffer und Cayennepfeffer würzen, 1/8 l Weißwein 0,25 l Sahne zugießen, dann 8 Minuten köcheln. Mit Muskat abschmecken.
Inzwischen 250 g schmale Bandnudeln in Salzwasser kochen und mit den Nudeln vermengen. Mit frischem Parmesan bestreuen.

Reis und Teigwaren

Nudeln mit Gemüse, Fleisch und Krabben

200 g Eiernudeln

Für die Sauce

2 EL Sojasauce

2 EL Reiswein

½ TL Zucker

½ Tasse Hühnerbrühe

Salz, Pfeffer

Außerdem

Öl zum Braten

1 Knoblauchzehe feinhacken

1 Stange Lauch in Scheiben schneiden

1 Tasse Spinat grobschneiden

½ Tasse Karotten in feine Streifen schneiden

½ Tasse Sojakeime

4 Shiitake in Streifen schneiden

100 g Schweinefleisch schnetzeln

100 g Krabben aus der Dose: Inhalt abbrausen

Nudeln in Salzwasser kochen, abschrecken, abtropfen lassen und beiseite stellen.

Zutaten für die Sauce mischen.

In einer großen Pfanne Öl erhitzen, Knoblauch anbraten, nacheinander Lauch, Spinat, Karotten, Sojakeime und Pilze zufügen und 1 Minute braten. Beiseite stellen.

In derselben Pfanne wieder Öl erhitzen, Schweinefleisch kurz anbraten, dann nacheinander Krabben, Nudeln und Gemüse zugeben, alles gut durchmischen, mit Sauce aufgießen 1 Minute dünsten, evtl. mit Salz und Pfeffer nachwürzen und anrichten.

Fleisch, Geflügel und Fisch

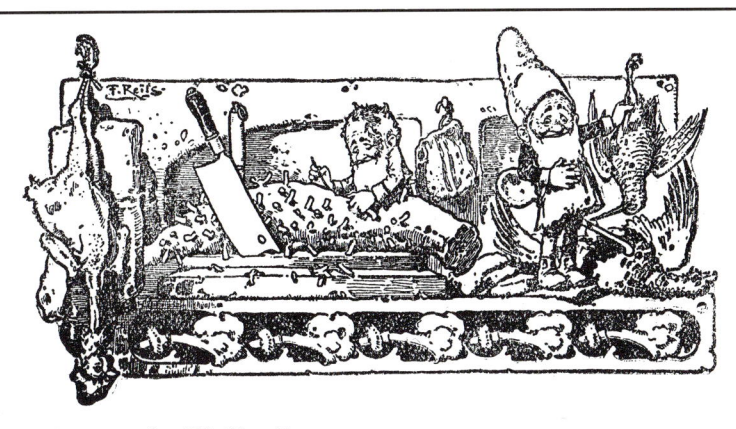

Kalbsleber mit Shiitake 2 Portionen

2 EL Öl	**1 Glas Rotwein**
2 Schalotten in feine Würfel schneiden	**6 Salbeiblätter, 4 davon feinschneiden**
2 Scheiben Kalbsleber in Streifen schneiden	**2 EL Crème fraîche**
	½ TL Zitronensaft
200 g Shiitake in Streifen schneiden	**Prise Zucker, Salz, weißer Pfeffer**

Öl erhitzen, Schalotten darin glasig braten. Leber zugeben, scharf anbraten, Hitze reduzieren, Pilze zugeben und unter Wenden 4 Minuten mitbraten. Mit Rotwein ablöschen, Salbei zufügen, mit Crème fraîche binden und etwa 2 Minuten köcheln, bis die Sauce eingedickt ist.

Mit Zitronensaft, Zucker, Salz und Pfeffer abschmecken. Mit restlichen Salbeiblättern garnieren und *zu Zitronenreis servieren.*

Zitronenreis

1 Zitrone in 2 Tassen kochendem Wasser 5 Minuten ziehen lassen, herausnehmen. Wasser erneut zum Kochen bringen, 1 Tasse Langkornreis zugeben, salzen und zugedeckt bei milder Hitze ausquellen lassen, bis die Flüssigkeit aufgesogen ist. Zitrone schälen, Schale in feine Streifen schneiden, Zitrone entsaften. Zitronensaft, 1 EL Butter und Zitronenschale unter den fertigen Reis mischen und mit Zitronenpfeffer abschmecken.

Fleisch, Geflügel und Fisch

Kalbsgeschnetzeltes mit Shiitake

250 g Shiitake in Streifen schneiden	1 EL Sojasauce
60 g Butter	Salz, weißer Pfeffer
1 kleine Zwiebel feinhacken	1/8 l Sahne (oder auch mehr)
500 g Kalbsschnitzel in dünne Scheiben schneiden	

Pilze in 30 g heißer Butter anbraten, Zwiebel zugeben, unter Rühren 5 Minuten braten und aus der Pfanne nehmen.

Restliche Butter in die Pfanne geben, Kalbfleisch darin anbraten, mit Sojasauce, Salz und Pfeffer würzen, gegarte Pilze zugeben, Sahne zugießen und zugedeckt mit geringer Hitze dünsten, bis die Sahne eingeschmort ist und Farbe annimmt.

Wird mehr Sauce verlangt, noch etwas Sahne zugießen und ziehen lassen, aber nicht mehr kochen. *Im Reisrand servieren.*

Medaillons nach bretonischer Art mit Shiitake

4 Artischockenböden (Dose)	100 g Schinken in Streifen schneiden
100 ccm trockener Weißwein	4 dicke Scheiben Schweinefilet
Zitronensaft	Salz, Pfeffer
20 g Butter	100 g Shiitake in Streifen schneiden
1 kleine Zwiebel feinhacken	4 EL Sahne

Artischockenböden in einer Kasserolle in Wein erhitzen, herausnehmen, mit Zitronensaft beträufeln und warmstellen. Wein zum Aufgießen beiseite stellen.

In einer Pfanne Butter heiß werden lassen, Zwiebel und Shiitakestreifen darin andünsten, Medaillons dazugeben, auf beiden Seiten braten, herausnehmen, mit Salz und Pfeffer würzen und warmhalten.

Pilze in die Pfanne geben, im Bratenfond anbraten, mit Sahne und Wein aufgießen und das ganze aufkochen.

Zum Servieren Artischockenböden auf die Medaillons legen und mit Pilz-Schinkensauce übergießen.

Geschnetzeltes vom Schwein mit Shiitake

50 g Butter	**250 g Schweineschnitzel in feine Streifen schneiden**
1 kleine Zwiebel in Würfel schneiden	
Knoblauch nach Geschmack	**100 g Erbsen**
250 g Shiitake in Streifen schneiden	**100 ml Bouillon**
	1 EL Sojasauce

In der Butter Shiitake mit Zwiebeln und Knoblauch anbraten, geschnetzeltes Fleisch beigeben und auf mittlerer Flamme langsam braten. Erbsen zugeben, Bouillon zugießen, mit Sojasauce abschmecken, Deckel auflegen und 5 Minuten köcheln.

Zu Reis.

Putengeschnetzeltes mit Shiitake und Bananen

90 g Butter	**2 EL Sojasauce**
300 g Shiitake in Stücke schneiden	**2 Bananen längs in Scheiben schneiden**
1 kleine Zwiebel feinhacken	**Salz, Paprika, Curry**
300 g Putenschnitzel in Streifen schneiden	**200 ccm Sahne**
	1 TL Sherry

In 30 g zerlassener Butter Zwiebel goldgelb dünsten. Pilze zugeben, 5 Minuten braten, dabei mehrmals wenden. Pilze herausnehmen und auf vorgewärmter Platte warmhalten.

Nochmals 30 g Butter in der Pfanne heiß werden lassen, Fleisch darin braunbraten, mit Sojasauce und wenig Pfeffer würzen und auf den Pilzen anrichten.

In einer zweiten Pfanne restliche Butter erhitzen, Bananenscheiben einlegen, würzen mit Salz, Pfeffer und Curry, 2 Minuten braten und wenden. Vorsichtig herausnehmen und die angerichtete Platte damit garnieren. Weiter warmhalten.

Mit der Hälfte der Sahne Bratensatz der Bananen lösen, etwas einkochen und restliche Sahne zugeben. Mit Gewürzen und Sherry abschmecken und die Sauce über Pilze und Fleisch verteilen.

Zu Reis mit grünem Salat.

Fleisch, Geflügel und Fisch

Hotpot (Australien) 6 Portionen

Öl zum Braten	250 g kleine Shiitake im Ganzen lassen, Stiele abschneiden
1 Poularde (ca. 1500 g) in Stücke schneiden und die Stücke in Mehl wälzen	2 TL Mehl
	¼ Tasse Hühnerbrühe
4 Frühlingszwiebeln in 5 cm lange Stücke schneiden	½ Tasse trockener Weißwein
5 Scheiben frischer Ingwer	1 EL Sojasauce
1 Zehe Knoblauch zerdrücken	½ Tasse Hühnerbrühe extra

In einer Pfanne oder im Wok Öl erhitzen, Hälfte der Hühnerstücke goldbraun braten, aus der Pfanne nehmen und die übrigen Stücke braten, dann die zuerst gebratenen Stücke wieder mit in die Pfanne geben.

Frühlingszwiebeln, Ingwer, Knoblauch und Shiitake zugeben, 1 Minute auf großer Hitze unter Rühren braten.

Mehl mit Hühnerbrühe anrühren, mit Weißwein und Sojasauce verrühren, in die Pfanne gießen und unter Rühren leise kochen, bis die Sauce dickt.

In 6 feuerfeste Portionsförmchen füllen, mit Hühnerbrühe begießen, Deckel aufsetzen und im vorgeheizten Ofen bei 190° C ca. 25 Minuten backen, bis das Hühnerfleisch gar ist.

Soufflé de volaille (mit Huhn und Pilzen)

125 g Butter mit 4 Eigelb schaumig rühren. 6 in ⅛ l Weißwein eingeweichte Scheiben Toastbrot ausdrücken, zerpflücken und mit 300 g gekochten Hühnerbrustwürfeln zum Eigelb geben. Mit Salz, Pfeffer und Muskat abschmecken.

½ Bund Petersilie feinhacken, 200 g Shiitake in Streifen schneiden, zusammen kurz in Butter schwenken und mit dem steifgeschlagenen Eiweiß von 4 Eiern unter die Masse heben.

Hälfte der Soufflémasse in eine gebutterte Auflaufform geben, 125 g Krabben darauf verteilen, mit restlicher Soufflémasse bedecken und im vorgeheizten Ofen bei 180° auf der mittleren Schiene 45 Minuten backen.

Mit Sahnesauce als Vorspeise servieren.

Überbackenes Fischfilet mit Shiitake

400 g Fischfilet	**Für die Sauce**
Saft einer Zitrone	**2 Becher Joghurt (insgesamt ca. 300 g)**
Salz	**je 1 Bund Schnittlauch und Dill feinschneiden**
1 EL Öl	
2 Zwiebeln in Würfel schneiden	**Pfeffer, Paprika**
4 Scheiben Schinken in Würfel schneiden	**Außerdem**
	Butter für die Form
150 g Shiitake feinschneiden	**2 EL Semmelbrösel**
5 Tomaten in Scheiben schneiden	**Butterflöckchen**
	150 g geriebener Käse

Fischfilet unter fließendem kaltem Wasser abspülen, trockentupfen, mit Zitrone beträufeln und 15 Minuten stehen lassen. Dann mit Salz bestreuen.

In einer Pfanne Öl heiß werden lassen, Zwiebeln, Schinken und Pilze darin andünsten.

Eine längliche feuerfeste Form mit Butter einstreichen, Fischfilet einlegen, Zwiebel-Pilzmischung und Tomatenscheiben darauf schichten.

Alle Zutaten für die Sauce verrühren und über den Fisch gießen, mit Semmelbröseln bestreuen, mit Butterflöckchen belegen und im Ofen bei 200 – 225 Grad 40 Minuten backen. Herausnehmen, mit Käse bestreuen und nochmals 10 Minuten backen.

Dazu Reis, der gleichzeitig im Ofen gegart werden kann.

Getrocknete Shiitake

Vorbereiten und Zubereiten

Hat man eventuell übriggebliebene Shiitake oder schon einige Tage alte Pilze, so ist es am besten und ganz einfach, die Pilze auf einem Holzbrett ausgebreitet an der Luft trocknen zu lassen.

Etwas angetrocknete Pilze brauchen nur 2 Minuten eingeweicht zu werden, manchmal genügt es, warmes Wasser darüber laufen zu lassen oder die Pilze mit nassem Tuch abzureiben. Die Stiele werden nicht verwendet.

Im Handel gibt es getrocknete Shiitake *(Donko)* meist in 50-g-Beuteln abgepackt. Preis: ca. DM 8,– bis DM 10,–.

25 g getrocknete Shiitake *(Donko)* sind ca. 10 Pilze mit einem Hutdurchmesser von 2½–3 cm. In ¼ l lauwarmem Wasser 30 Minuten eingeweicht ergeben sie 125 g mit einem Hutdurchmesser von ca. 4–4½ cm. Die Lamellen (Blättchen an der Hutunterseite) sind aufgerichtet.

Es empfiehlt sich, die Pilze nach dem Einweichen über Nacht, mindestens aber 2 Stunden auf einem Tuch (Küchenkrepp) abtropfen zu lassen.

Zubereitet werden getrocknete Shiitake nach dem Einweichen wie Frischpilze; auch die Garzeit ist dieselbe.

Selbstverständlich können alle folgenden Rezepte auch mit Frischpilzen zubereitet werden.

Shiitake mit Bambussprossen (China)

12 getrocknete Shiitake	Für die Sauce
1 EL chinesische Morcheln (Mu-Err)	5 EL Hühnerbrühe
Öl zum Braten	1 EL helle Sojasauce
1 Dose Bambussprossen: Inhalt abtropfen und in Streifen schneiden	1 EL Reiswein
	½ TL Zucker
	½ TL Ingwersaft
	Salz
	Außerdem
	1 TL Speisestärke mit wenig Wasser anrühren
	einige Tropfen Sesamöl

Shiitake und Morcheln getrennt etwa 20 Minuten einweichen.

Von den Shiitake Stiele abschneiden und das Einweichwasser beiseite stellen. Morcheln abtropfen lassen und das Einweichwasser weggießen.

Auf mittlerer Hitze Pfanne heiß werden lassen, Pfannenboden mit Öl bestreichen und Pilze mit den Bambussprossen 1 Minute unter Wenden braten. Zutaten für die Sauce mit Pilzbrühe verrühren, zum Pilzgemüse geben und 2 Minuten zugedeckt bei kleiner Hitze köcheln.

Zum Schluß die Sauce mit Speisestärke binden, 2 Minuten köcheln, von der Platte nehmen und das Ganze mit Sesamöl beträufeln und vermengen.

Zu körnig gekochtem Reis.

Getrocknete Shiitake

Klößchen in Bouillon oder Gemüsesuppe

50 g Shiitake einweichen, feinhacken und mit 50 g Semmelbröseln, 1 Ei, 1 EL Sahne, Salz, Zitronensaft und 2 EL feingehackter Petersilie vermengen. Mit einem Teelöffel kleine Nocken ausstechen und in Salzwasser bei geringer Hitze 10 Minuten ziehen lassen.

Für die Gemüsesuppe

3 Frühlingszwiebeln feinschneiden	30 g Butter
3 Möhren in Scheiben, dann in feine Streifen schneiden	1 l leichte Fleischbrühe

Das Gemüse in mäßig heißer Butter 5 Minuten dünsten, Brühe zugießen und weitere 5 Minuten garen. Klößchen einlegen, erhitzen und nach Belieben mit gehackten Kräutern bestreuen.

Kartoffel-Pilzknödel für 4 große oder 8 kleine Knödel

50 g Butter	1 Ei
1 Schalotte feinhacken	50 g Weizengrieß
25 g getrocknete Shiitake einweichen, dann feinhacken	20 g Speisestärke
	geriebener Muskat
Salz, frisch gemahlener Pfeffer	Außerdem
750 g mehligkochende Kartoffeln in Salzwasser 20 Minuten kochen und erkalten lassen	reichlich Salzwasser

In Butter Schalotten und Pilze unter Rühren dünsten, bis alle Flüssigkeit verdampft ist. Mit Salz und Pfeffer leicht würzen und abkühlen lassen.

Im breiten Topf reichlich Salzwasser erhitzen.

Völlig ausgekühlte Kartoffeln durch die Presse drücken, mit Ei, Grieß, Speisestärke und Pilzen verkneten und mit Salz, Pfeffer und Muskat kräftig abschmecken. Die Hände mit Speisestärke bestäuben und Knödel formen. Knödel ins kochende Wasser geben, einmal aufwallen lassen, dann auf kleine Hitze schalten und 25 Minuten ziehen lassen.

Mit dem Schaumlöffel herausheben und *zu Wildfleisch servieren.*

Shiitake gefüllt auf chinesische Art

50 g getrocknete Shiitake einweichen

Für die Füllung

1 EL Sojasauce

1 EL Reiswein oder heller trockener Sherry

½ TL Zucker

1 TL Speisestärke

250 g Schweinehack

4 Wasserkastanien (ersatzweise gekochte Kartoffeln) zerdrücken

20 Blättchen Petersilie

1 EL Öl ohne Geschmack

¼ Tasse Pilzwasser oder Fleischbrühe

2 EL Austernsauce, ersatzweise 1 EL Sardellenpaste

Möglichst die Pilze über Nacht auf einem Tuch abtropfen lassen.

In einer kleinen Schüssel Sojasauce, Wein, Zucker und Stärke verrühren, bis das Stärkemehl aufgelöst ist. Hack und Kastanien oder Kartoffeln zugeben und gut vermengen.

Die Lamellenseite mit etwas Stärkemehl bestäuben, mit Hackmasse füllen und glattstreichen. Jeden gefüllten Pilz mit einem Petersilienblättchen belegen.

Eine schwere Pfanne stark erhitzen, gleichmäßig mit Öl einstreichen und die Pilze mit der Füllung nach oben einlegen. Auf mittlere Hitze schalten, 1 Minute braten, bis die Pilzhüte an der Unterseite etwas gebräunt sind, Pilzwasser oder Fleischbrühe zugießen, aufkochen, Deckel auflegen und auf kleinster Hitze 15 Minuten garen. Nun die Austernsauce zugeben, jeden Pilz mit der Sauce begießen und zugedeckt einen Augenblick ziehen lassen.

Mit einem Schaumlöffel auf eine vorgewärmte Platte geben und als Vorgericht servieren.

Die Füllung kann auch mit Frischkäse oder Tofu (Sojabohnenquark), Krabben oder Gemüse je nach Belieben zubereitet werden.

Einlage in Kartoffel-Kressesuppe (Japan)

Für die Suppe	Für die Einlage
30 g Butter	**25 g getrocknete Shiitake einweichen**
2 Schalotten feinhacken	**40 g Möhren in dünne Scheiben, dann in feine Streifen schneiden**
1 Knoblauchzehe durchpressen	
1 Stange Lauch, davon das Weiße feinschneiden	**40 g Stangensellerie in feine Scheiben schneiden**
2 Bund Brunnenkresse (ersatzweise junger Spinat) waschen, ausschütteln, ein paar Zweige herausnehmen	**50 g Lauch in feine Streifen schneiden**
	40 g Butter
Salz	
375 g mehlig-festkochende Kartoffeln schälen, in kleine Würfel schneiden	
¾ l Fleischbrühe	
100 ccm Sahne	
frisch gemahlener Pfeffer	
Prise Cayennepfeffer	

Im Topf Butter zerlassen, darin Schalotte, Knoblauch und Lauch andünsten. Brunnenkresse vom Bund schneiden, mit in den Topf geben und salzen. Kartoffelwürfel dazugeben und alles in 10 Minuten auf kleiner Hitze weichdünsten, ohne daß es bräunt. Brühe dazugießen und aufkochen lassen. Im Mixer pürieren und durch ein Sieb passieren. Sahne einrühren und die Suppe mit Salz, Pfeffer und Cayennepfeffer abschmecken.

Zuerst die Pilze, dann das Gemüse in je 20 g Butter dünsten und mit Salz und Pfeffer würzen.

Auf vorgewärmten Tellern Suppe verteilen und mit Pilz- und Gemüsestreifen und Kresseblättern garnieren.

Karpfen mit würziger Pilzsauce (China)

1 küchenfertiger Karpfen ca. 750 g

Saft einer Zitrone

Gewürzmischung

1 TL Salz mit

½ TL schwarzem Pfeffer und

1 EL geriebenem frischem Ingwer mischen

Für die Pilzsauce

4 getrocknete Shiitake einweichen, Stiele abschneiden, Pilzhüte in feine Streifen schneiden (Einweichwasser aufheben)

1 Schalotte feinhacken

2 Bambussprossen in Streifen schneiden oder/und

1 Mohrrübe in feine Stifte schneiden

je ½ rote, grüne und gelbe Paprikaschote in Streifen schneiden

2 EL helle Sojasauce

¼ Tasse Hühnerbrühe (25 ml)

Außerdem

1 EL Speisestärke, etwas Reiswein

3 EL Speisestärke, Öl zum Braten

Salz, 2 EL Reiswein

1 TL Speisestärke mit wenig Wasser anrühren, Salz, Pfeffer

Karpfen gut abtrocknen, auf beiden Seiten schräg nach vorne im Abstand von 3 cm einschneiden, innen und außen zuerst mit Zitronensaft und dann mit Gewürzmischung einreiben. Karpfen 20 Minuten liegen lassen.

Für die Sauce Pilze und Gemüse miteinander vermengen. Einweichwasser mit Sojasauce und Hühnerbrühe verrühren und beiseite stellen.

Nun Karpfen mit einer Panade (1 EL Speisestärke mit Reiswein anrühren) einstreichen und restliche Speisestärke auf den Karpfen streuen.

In einer Pfanne reichlich Öl (ca. 2 cm hoch) auf mittlerer Hitze heiß werden lassen und den Fisch auf jeder Seite in ca. 5 Minuten knusprig braun braten, dabei ständig heißes Öl aus der Pfanne mit einem Löffel darübergießen. Fertigen Fisch auf einer vorgewärmten Platte anrichten und warmhalten.

In einer zweiten Pfanne wenig Öl erhitzen, Salz einstreuen, Pilzmischung darin anbraten, mit Reiswein beträufeln, Einweichwasser zugießen und auf kleiner Hitze 1 Minute köcheln lassen. Mit Speisestärke binden und mit Salz und Pfeffer abschmecken.

Fertige Pilzsauce wie eine Decke über den Karpfen verteilen, dabei Kopf und Schwanzflosse frei lassen.

Fischfilet mit Tofu und Shiitake (China)

2 EL Öl

1 Knoblauchzehe

Salz

400 g Fischfilet (Schellfisch, Lengfisch, Seehecht) in mundgerechte Stücke schneiden

150 g Tofu in kaltem Wasser abspülen und in Würfel schneiden

1 – 2 grüne Paprikaschoten in Stücke schneiden

1 Karotte in Scheiben schneiden

1 kleine Stange Lauch in kurze Stücke schneiden

25 g getrocknete Shiitake einweichen, Hüte zerteilen

½ Tasse Fleischbrühe

1 EL helle Sojasauce

1 EL Reiswein

2 TL Speisestärke mit Wassser anrühren

Pfeffer

Auf starker Hitze in einer Pfanne 1 EL Öl heiß werden lassen, Knoblauch darin herumreiben, etwas Salz einstreuen, Fischstücke 1 Minute darin braten, Tofuwürfel zugeben und 1 Minute unter Wenden mitbraten. Herausnehmen, auf einer Platte anrichten und warmhalten.

Restliches Öl erhitzen, Gemüse und Pilze darin 2 Minuten braten, mit Brühe ablöschen, Sojasauce und Reiswein zugeben und aufkochen. Mit Speisestärke binden und mit Salz und Pfeffer abschmecken. Pilzgemüse und Sauce über Fisch und Tofu geben und *zu Reis servieren*.